楠木 建

絶対悲観主義

JN052504

講談社+α新書
プラスアルファ

はじめに

難病の試練に直面してもあきらめずに挑戦を続け、高い目標に向けて全力を尽くす。東京オリンピックに出場した水泳の池江璃花子《りかこ》選手の活躍を見ると確かに感動します。ところが、自分にそういうことができるとは到底思えません。池江選手のような骨の髄から「スゴイ人」は稀《まれ》です。世の中の大半は僕と同じ「フツーの人」です。

フツーの人にとってベストだと僕が思っている仕事への構え、それが「絶対悲観主義」です。「自分の思い通りにうまくいくことなんて、この世の中にはひとつもない」という前提で仕事をする――厳しいようで緩い。緩いようで厳しい。でも、根本においてはわりと緩い哲学です。

緊張と弛緩は背中合わせの関係にあります。「夢に向かって全力疾走！」「夢をあきらめるな！」――緊張系の話が幅を利かせているこの頃ではありますが、長く続く仕事生活、緊張だけでは持ちません。弛緩もまた大切です。弛緩があるからここぞというときに集中できる。筋トレとストレッチのような関係です。

GRIT（困難に直面してもやり抜く力）とかレジリエンス（GRITのR。逆境から回復する力）が注目されています。これもまた緊張系の話です。この種の言葉がもてはやされているのは、困難や逆境に直面し、心が折れてしまう人が今の世の中にそれだけ多いことを暗示しています。

僕に言わせれば、GRITはある種の呪縛です。「うまくやろう」「成功しなければならない」という思い込みがある。だから、ちょっと思い通りにならないだけで、「困難」に直面し「逆境」にある気分になる。「やり抜く力」や「挫折からの回復力」を手に入れなければならないと考える——ずいぶん窮屈な話だと思います。

世の中に言う悲観主義は実のところ根拠のない楽観主義です。最初のところで「うまくいく」という前提を持つからこそ、「うまくいかないのではないか」と心配や不安にとらわれ、悲観に陥るという成り行きです。

こと仕事に関していえば、そもそも自分の思い通りになることなんてほとんどありません。この身も蓋もない真実を直視さえしておけば、戦争や病気のような余程のことがない限り、困難も逆境もありません。逆境がなければ挫折もない。成功の呪縛から自由になれば、目の前の仕事に気楽に取り組み、淡々とやり続けることができます。GRIT無用、レジリエンス不要——これが絶対悲観主義の構えです。

絶対悲観主義者の僕が仕事や生活の断片について書いたものを集めたのが本書です。日立製作所のオウンドメディア「Executive Foresight Online」の連載記事を再構成して、全面的に書き直しました。連載でお世話になったアステックアソシエイツの三浦靖彦さん、鈴木健一さん、藤牧晋さん、内山佳代子さん、高橋夕夏さん、今井国夫さん、井上奈菜さん、玉井伸昌さん、そして日立製作所の佐藤篤さん、白石理菜さん、中島衣里子さん、北原大暉さんにお礼を申し上げます。

筋トレに明け暮れがちな読者にとって、本書が思考のストレッチとなれば幸いです。

絶対悲観主義／目次

第1章　絶対悲観主義

出力八割作戦

中学生時代に、柔道部に所属していたことがあります。ミッド昭和の中学校では部活動が学校生活でのアイデンティティになっていました。当時からスポーツにはまったく興味はありませんでしたが、部活動をしていないと学校生活で居場所がなくなる気がして、消去法で柔道部に入ることに決めました。一人でやるのがスキで、チームプレーが苦手。体も大きかったし、個人競技なので、ま、イイかな、というだけの理由です。

それでも部活は部活。しかも武道です。今から思えば、錯乱していたとしか言いようがありません。先輩後輩の上下関係とか、「声出していけよ！」とか、集団としての規律には厳しいものがありました。乱取りという練習試合のような稽古があります。寝技になると闘争心むき出しで、耳元で「死ね……」とか言ってくる同級生がいました。寝技から抜けるためにジタバタするのも面倒な僕は、押さえ込まれながら「こいつとは気が合わないな……」とぼんやりと考えていました。自分には向いていないことがイヤというほど判明し、自然と幽霊部員になりました。

柔道部での暗黒経験は自分を知るうえでとても役に立ちました。闘争とか競争とか勝ち負けというものに対して、まるでモチベーションが湧かない。頑張りが利かない。根性がない。自分の性格的特徴――あっさり言えば弱点――に気づかされました。

その一方で当時の僕が痺《しび》れていたのは、映画『００７』のジェームズ・ボンドです。どこに痺れたかというと、常に余裕綽綽《よゆうしゃくしゃく》なところ。危機一髪の窮地に立たされても、平然としている。何事もなかったかのように危機をすり抜けて相手をやっつける。ちょっと片方の眉を上げるだけで「はい、おしまい」――とんでもなくカッコいいと思いました。

ジェームズはなぜ余裕があるのか。それはとてつもない能力と胆力があるからです。あるタスクを遂行するのに必要な能力が一〇〇だとしたら、ジェームズは軽く二〇〇は持っている。余剰分の一〇〇が余裕綽綽を生む。

もちろん僕にそんな能力はありません。それでも何とか「余裕綽綽感」だけは出したい――あきらめきれない僕は、この矛盾を乗り越える革新的な方法を編み出しました。出力八割作戦です。すなわち、一〇〇の力が必要なところで八〇しか出さない。主観的には余裕綽綽です。

腹八分は健康にイイのですが、出力八分には重大な難点がありました。「うまくいかない」ということです。本人は余裕綽綽のつもりでも、客観的には力を抜いているだけ。簡単なことならまだしも、ちょっと難易度が上がると、うまくいくはずもない。それでも出力八割作戦には強力な利点がひとつだけあります。失敗しても、「ま、全力出してないから……」という言い訳が効く。ようするに、僕はただの駄目なヤツでした。

社会に出て、当然のことながらしっぺ返しを食らいました。さまざまな失敗を繰り返し、世の中の厳しさを知りました。それでも頑張りが利かない根性なしの性格はなかなか変わりません。そう簡単には変わらないものを性格と言います。克己とは無縁の人生を流されるように生きてきました。

出力八割作戦は僕の性格には適《かな》っているのですが、仕事の世界では通用しません。駆け出しの時分は何をやってもうまくいきませんでした。ナポレオンは「余の辞書に不可能の文字はない」と言いましたが、僕の場合、「余の辞書に可能の文字はない」――自分には何も達成できないのではないか、という漠然とした不安を抱えていました。

フツーの人向きの実用的な仕事の哲学はないものか。考えを巡らしているうちに、たどり着いたのが「絶対悲観主義」です。この着想は僕にとって革命的でした。そもそも「うまくやろう」とするのが間違いなのではないか。それぞれに利害を抱えて生きている世の中、自分の思い通りになるほうがヘンで、僕のような大甘の凡人にとってはうまくいくことなんてほとんどないのが当たり前――脳内革命が勃発し、従来の出力八割政権は打倒され、絶対悲観主義政権が樹立されました。これで一気に仕事生活がラクになりました。以来、現在に至るまで、僕は一貫して絶対悲観主義で仕事に臨んでいます。

その概念

仕事は趣味とは異なります。趣味でないものが仕事、仕事でないものが趣味、というのが僕の整理です。趣味は徹頭徹尾自分のためにやることです。自分が楽しければそれでいい。一方の仕事は誰かのためにすることです。自分以外の他者に何らかの価値を提供できなければ仕事とは言えません。

したがって、あらゆる仕事には「お客」が存在します。お客はコントロールできません。イーロン・マスクさんでも、お客にテスラのクルマを無理やり買わせることはできません。ここで言う「お客」は実際に対価を支払ってくれる取引先やクライアントやユーザーや消費者だけではありません。同じ会社の上司や部下であっても、自分の仕事を必要としてくれる人はお客です。仕事は定義からしてこちらの思い通りにならないものです。事後的な成果や成功はコントロールできない。それでも事前の構えは自分で自由に選択できます。仕事が何らかの哲学を必要とするゆえんです。

仕事である以上、絶対に自分の思い通りにはならないと僕は割り切っています。「世の中は甘くない」「物事は自分に都合のいいようにはならない」、もっと言えば「うまくいくことなんてひとつもない」——これが絶対悲観主義です。

ただの悲観主義ではなく「絶対」がつくところがポイントです。仕事の種類や性質、状況にかかわらず、あらゆることについてうまくいかないという前提を持っておく。何事においても「うまくいかないだろうな」と構えておいて、「ま、ちょっとやってみるか……」。これが絶対悲観主義者の思考と行動です。

ご安心ください。何も「自分に厳しい」わけではありません。僕は他人にはわりと甘いほうですが、自分にはもっと甘いタイプです。成功しなければならないという呪縛から自分を解放する。厳しい成果基準を自らに課さない。自分に対して甘い人ほど、絶対悲観主義は有効にして有用です。

絶対悲観主義を二つの側面から考えてみます。ひとつが「事前の期待」「事後の結果」、もうひとつが「うまくいく」「うまくいかない」です。組み合わせると、四つのパターンに分けられます。

①　事前にうまくいくと思っていて、やってみたらうまくいった

② 事前にうまくいかないと思っていて、やってみたらうまくいった
③ 事前にうまくいくと思っていて、やってみたらうまくいかなかった
④ 事前にうまくいかないと思っていて、やってみたらやっぱりうまくいかなかった

①の事前にうまくいくと思っていて、やってみたら本当にうまくいったパターン。これはもちろんイイのですが、予想通りなので驚きがない。最悪なのが③のパターンです。事前にうまくいくと思っていたのに、うまくいかなかった——辛いものがあります。事前にうまくいかないと思っていて、やっぱりうまくいかなかったという④のほうがまだマシです。

僕の理想は②のパターンです。もちろん現実には④が多い。それでも、たまにうまくいくことがあります。うまくいかないだろうと事前に悲観的に構えておくと、うまくいったときに大変気分がイイ。①よりもずっと幸福度が高い。ここに絶対悲観主義者の喜びのツボがあります。

フランスの思想家のベルナール・フォントネルの言葉に「幸福のもっとも大きな障害は、過大な幸福を期待することにある」があります。これは絶対悲観主義の考え方そのものです。仕事の向から先にいるお客は自分の思い通りにならない。全戦全勝は不可能です。勝率には限界がある。野球であれば、どんな好打者でも四割はまず打てない。凡打のほうが多

い。それでも負け方は確実にうまくなっていく。負け方がきれいな人こそ本当のプロです。

負けは負けでまた違う味がある。僕の場合、これまでにさんざん負けを経験しているので、負けを味わう手練手管が発達しています。例えば、ある仕事の現場が終わって、思い通りにいかなかったとき。コインパーキングに停めてある営業車の中で缶コーヒーを手に煙草を一服しつつ「そうは問屋が卸さない、か……」とつぶやくと、しみじみとした幸福感を覚えます（実際に声に出すのが大切。眉間《みけん》に皺《しわ》を寄せつつ苦笑いをすると、味わいはさらに深くなるので試してみてください）。「世の中甘くないな……」というのは、仕事の醍醐味のひとつと言ってもいい。年季が入ると、始めから「これはむしろうまくいかないほうがイイな」（後で「そうは問屋が卸さない、か……」と苦笑できるから）と思うことさえあります。

その効用

絶対悲観主義にはいくつもの利点があります。第一に、実行が極めてシンプルで簡単だということ。やるべきことは、事前の期待のツマミを思い切り悲観方向に回しておくだけです。結果や成果ではなく事前の構えですから、自分の好きなように好きなだけ操作できます。ここぞというときはツマミを可動領域いっぱいまで思い切り悲観に振っておく。万が一うまくいったら、ものすごく嬉しい。大体は失敗するのですが、端《はな》からうまくいかないと思っているので、心安らかに敗北を受け止めることができます。

第二に、仕事への速度が上がります。仕事のスピードが上がるということではなく、仕事に取りかかるまでのリードタイムが短くなるということです。大事な仕事ほどついつい後回しにしてしまうことがよくあります。例えば、僕の仕事で言えば、これまでの研究をまとめて新しい本を書こうというときです。重要だと思っているタスクほど、「うまくやらなくては」「失敗できない」と構えてしまう。なかなか行動に踏み切れない。どうせうまくいかないと思っている絶対悲観主義者はあくまでも気楽に取りかかるので、仕事の立ち上がりが早く速くなります。

第三の利点は、悲観から楽観が生まれるという逆説にあります。絶対悲観主義はリスク耐性が高い。リスクに対してオープンに構えることができます。

起業家志向の若者にアドバイスを求められることがあります。自分で起業したいのだけれど、やはりリスクが気になる。どうしたものか――この手の質問を受けたとき、僕は「何の心配もいりません。絶対にうまくいかないから」と答えることにしています。必ずと言っていいほどイヤな顔をされますが、現実はそういうものです。

能力に自信がある人ほどプライドが高い。そういう人は失敗したときに大いにへこみます。プライドは仕事の邪魔でしかありません。傷つくのがイヤで怖いから身動きがとれなくなる。動くときにも何とか失敗を避けようとするので、ヘンに緻密な計画を立てたりする。もちろん計画通りにいくわけはないので、ますます疲弊するという悪循環に陥ります。

もちろん仕事には矜持を持たなければいけませんし、その意味でのプライドは大切です。ただし、プライドはなるべく後回しにしたほうがイイ。ある程度の成果を出して実績を積んでからでも、遅くはありません。若者の最大の特権は、時間があることでも、未来の可能性があることでも、体力があることでも、頭が柔軟なことでもありません。「まだ何者でもない」ということです。若いときほど失敗で被るサンクコスト（埋没費用）は小さい。どうせうまくいかないのだから……という絶対悲観主義は究極の楽観主義でもあります。若い人にこそ絶対悲観主義をおすすめします。

第四に、リスク耐性だけでなく、失敗が現実のものになったときの耐性も強くなります。ちょっとやそっとのことではダメージを受けません。絶対悲観主義者にとって、失敗は常に想定内です。前述の④の成り行きも平常心で受け止められます。挫折とも無縁です。レジリエンス（回復する力）も不要です。うまくいかなくても、淡々と続けていくことができます。これこそＧＲＩＴ（やり抜く力）です（ちょっと違うかな？）。

第五に、自然に顧客志向になり、相手の立場で物事を考えられるようになります。僕は約束した原稿の締め切りは必ず守ります。なぜかというと、相手がこっちの都合に合わせてくれる、事情を斟酌してくれる、気分を忖度してくれるといったことなど絶対にないと思っているからです。

第六に、絶対悲観主義のもっとも重要な利点として、すぐにではなくても、一〇年ほどやっているうちに自分に固有の能力なり才能の在処がはっきりとしてきます。絶対悲観主義の構えで仕事をしていても、事前の期待が良い方向に裏切られ、ときどきうまくいくことがあります（先述の②のパターン）。このときにやたらと嬉しくなるのが絶対悲観主義のイイところなのですが、そうした望外の喜びがたまに連続して起こることがあります。そこに自分に固有の才能が見え隠れしています。

絶対悲観主義者は「〇〇が上手ですね」「××が得意ですね」と人に言われても真に受けません。謙虚なのではありません。自分の能力を信用していないからです。それでも、そういう評価を複数の人から繰り返しもらい続けると、悲観の壁を突き破って、ようやく楽観が入ってくる。

絶対悲観主義と矛盾するようですが、仕事において自信はとても大切です。自信が好循環を生み出します。ただし、「あれができます」「これができます」と言っているうちはまだまだです。悲観を裏切る成功が続いて、ようやく自信が持てるようになります。これは独りよがりのプライドではなく、地に足の着いた自信です。

成功なければ復讐なし

隣に住んでいる高森勇旗《ゆうき》さんは元プロ野球選手です。彼は高校野球からドラフトで横浜ベイスターズに入団しています。もともとはキャッチャーでしたが、打撃能力を生かすため、途中で野手に転向しました。その矢先に自分の狙う外野手のポジションにとんでもない新人が入ってきた。筒香嘉智《つつごうよしとも》選手です。高森さんは筒香選手を見た瞬間、「ダメだ、こりゃ」と思ったそうです。結局、彼は六年目のシーズンが終わったところで戦力外通告を受けます。現在の高森さんはビジネス・コーチとして活躍しています。

高森さんが広島カープの大打者である前田智徳《とものり》さんと自主トレを一緒にしたときのこと。「お前、試合の第一打席に何を考えている？」と前田さんに聞かれ、「第一打席なので狙い球を絞っていきます」と答えると、「だからお前はダメなんだ」と言われたそうです。「ピッチャーの体力がいちばんあるときに打とうなんていう考えは甘い。第一打席はフォアボール狙いに決まっている」。

現役の終盤、代打に回ってからも前田さんの仕事哲学は変わりませんでした。「俺が代打で対戦するピッチャーが誰だかわかっているのか。藤川球児だぞ。たった一打席のチャンスで火の玉ストレートを打てるわけがない」。で、結論は同じく「フォアボール狙い」。アスリートの世界でも絶対悲観主義に近い考え方があることを知りました。

たまに（元）アスリートの方と話す機会があります。彼らに共通する重要なテーマが「成功体験の復讐」です。ドラフトでプロ野球に入るぐらいですから、高森さんは異様に野球がうまかった。高校の野球部では何をやっても自分がいちばんできる。チームの中で光り輝くスターでした。しかし、日本中のスターの選りすぐりで構成されているプロの世界は次元が違います。いつも中心選手でいた高森さんは、試合に出られずにベンチを温めている人の気持ちが初めてわかったそうです。光が強ければ闇も深い。二軍の控え選手でいることは、始めのうちはとても苦しい経験だったと言います。

一流のアスリートほど数多くの成功を積み重ねてきています。成功体験に縛られるというのは本当に苦しいことだそうです。ビジネスでも「過去の成功体験から抜け出すことができずに……」という話はよく聞きます。

僕の考える最強のソリューションは「成功しない」です。「成功したぞ！」と思わなければ、成功体験に復讐されることもありません。勝ち負けが数字ではっきりする為替のディーラーなどは別にして、普通の仕事ではそこまで成功と失敗の基準が明確ではありません。成功を明確に定義してしまうと、それを達成した瞬間から、成功体験に苦しめられることになります。客観的にはある程度の達成であったとしても、「これは成功と呼べるほどのものでではない」という認識でいるくらいがちょうどイイ。

「禍福はあざなえる縄のごとし」という言葉にあるように、幸福と不幸は背中合わせです。ポイントは、「禍福」であって「福禍」ではないところです。マイナス先行の人生であれば、大体のことが前よりも良く見える。大きなプラスから始めてしまうと、マイナスばかりが目につき、苦しくなる。

仕事に対して気楽に向き合える。失敗が気にならなくなり、リスク耐性がつく。たまさか首尾よくいったときは喜びにターボがかかる。相手の立場で考えられる。自分の気がラクになるからそうしているだけなのに、謙虚な人だと誤解してもらえる。自分の才能の在処をつかめる。絶対悲観主義は一石で何鳥にもなります。しかも、やることは心のツマミを思いっきり悲観の方向に回すだけ。異様に投資対効果が高い。夢のような話です。

ただし、絶対悲観主義は仕事への構えをラクにするため（だけ）のものであって、仕事の成果や成功を約束するものではありません。テニスで言えば、フォームのようなものです。構えがどんなに優れていても試合には勝てません。やはり楽観は禁物です。仕事で結果を出すためには、自分の土俵をここと定め、目の前のお客に誠実に向き合い、自らの才能と能力に磨きをかけていくしかありません。

自分に都合よく考えない。「何とかなる」では何ともならない。だからこそ、精進を重ねようという気持ちにもなります。それでも、成功を期待しない。だから、気楽に取り組める。失敗しても、いちいちダメージを受けない。自然と次に動き出せる。紆余曲折を経た挙句、振り返ってみたときに、自分なりの確かな道ができている。それが絶対悲観主義者の生きる道です。

第2章　幸福の条件

黒い巨塔

世の中、幸せになりたくない人というのはまずいません。幸福の希求、その一点では人間は共通しています。幸福をテーマにした本が次々に出版される成り行きです。ただし、幸せの内実は主観の極みです。ある出来事とか事実に対してそれが幸福か不幸かということは、誰にも決められません。ある人にとっての至福が、別の人にはとんでもない不幸だということもあり得ます。みんな同じで、みんな違う——幸せというのはそういうものです。

子どもの頃は、大体みんな同じようなことが幸せで、同じようなことを不幸と感じるものです。いろいろな経験を重ね、自分の性格が形成され、自分の好き嫌いについての理解が深まる中で、幸福の多様性が広がっていく。他人にとっての幸福が自分の不幸になるということがしばしばあります。

大学医学部の権力闘争を描いた山崎豊子の『白い巨塔』。映画やドラマに何度もなっているのでご存じの方も多いと思います。大学教授の地位と権力を求めた権謀術数《けんぼうじゅっすう》の物語が展開します。ここでの前提は「出世＝幸せ」です。主役の財前五郎は大学での立身出世を求めて闘争に明け暮れます。それを阻止しようとする人々、自分の利得のために利用しようとする人々が入り乱れて、仁義なき戦いにのめり込みます。

この物語が有名になったため、世間では、大学には権力闘争とか派閥争いが渦巻いているというイメージがあるようです。ま、医学部のことはよく知りませんが、少なくとも僕の周辺ではこの種の闘争は見聞きしたことはありません。僕が直面している問題はむしろ逆でありまして、いかに偉くならずヒラ教授のままでいることを追い求める闘争です。これを私的専門用語で「黒い巨塔」と言っています。

僕は学部長や研究科長はもちろん、あらゆる経営上の役職に就きたくありません。僕にとってあからさまな不幸だからです。そもそも僕はそういう経営とかリーダーの仕事と無縁でいたいがために、現在の仕事を選んでいるわけです。部下を引っ張っていくとか、組織をまとめるとか、人事をどうするとか、そういうことだけは勘弁してもらいたい。

ところが、後期ド中年ともなると、そういう役回りを期待されるようになります。僕も組織の構成員として一定の責任があります。回避するには何かの対策が必要になります。数年前に「黒い巨塔」問題がヤマ場を迎えたことがありました。このときはさすがに僕も気合が入りました。ありとあらゆる権謀術数を総動員し、上司から「もうしばらくはヒラでいい」

という許可を勝ち取ることができました。財前五郎のように「白い巨塔」の頂点に到達するのが幸せだと言う人もいれば、「黒い巨塔」の底辺にいるのが幸せだと言う人もいる。これが幸福の面白いところです。

幸福と没不幸

いろいろな経営理論を勉強していた学生時代、これは面白い考え方だと思ったのがアメリカの心理学者ハーズバーグの二要因理論です。一九六〇年代に注目された古典的なモチベーション理論なので、ご存じの方は少ないかもしれません。モチベーション理論のようなミクロ組織論は僕の専門ではありませんが、ハーズバーグの論理構成の面白さには感心しました。

二要因とは何か。ひとつは人間の幸福や満足を促進する「動機付け要因」です。もうひとつは人間の不幸や不満足を少なくする要因で、ハーズバーグはこれを「衛生要因」と名づけました。この二要因が相互に独立の関係にあるということがポイントです。つまり「満足」の反対にあるのは「不満足」ではない。それは「没満足」という満足がない状態だとハーズバーグは考えます。

ハーズバーグの実証研究で明らかになった動機付け要因は、人に信頼されること、その仕事自体に意義を感じられることなどです。こうした動機付け要因を大きくすればするほど、職務満足は高まる。一方の、給料や勤務条件、対人関係などは衛生要因に含まれます。ということは、昇給や昇進は「不満足」をなくすだけであって、「満足」はもたらさない。どんなに不満足の要因を排除しても、「没不満足」になるだけで、決して「満足」にはならない。給料を上げても本当の満足にはならないということです。

これまで一次元上の両極にあると思われていた「満足」と「不満足」が実は別次元にある——これが実に面白い。実務にも大きな影響を与えた理論だけのことはあります。人間の幸せの本質を衝《つ》いています。

僕を含めて、人は「幸福になる」ということと、「不幸を解消する」ということを混同しがちです。不幸になる要因をどんどん潰していけば幸せになれるかというと、そんなことはありません。その先にあるのはただの「没不幸」です。僕の例で言えば、上司に評価をされるのがイヤ（お客からの直接評価のほうがイイ）。会議がイヤ。部下を持って彼らを動かすのはもっとイヤ。強い利害がある仕事がイヤ。もう少し日常的な行為で言うと、テレビがイヤ、パーティーがイヤといったように、イヤなことはいくらでもリストアップできます。それは確かに僕の不幸です。何とかして回避したり、解消しようとする。でもその先に幸せがあるわけでもない。考えてみれば、僕の「黒い巨塔」も本当の幸せではなく、その手前の没不幸を求めているだけだということに気づきます。

一般に、好きなことより嫌いなことのほうが自覚しやすいものです。とくに若い時分はそうです。僕も何が好きかはわからないけれども、イヤなことはやめておこうという考えで、就職せずに大学院に行きました。その後、大学に職を得て「没不幸」は手に入れたのですが、それほど幸せでもありませんでした。肝心の、自分で追求する価値があると思える研究テーマがはっきりしていなかったからです。

給料が低い。上司が無能。社風が悪い。だから転職する。これはこれでイイのですが、こうしたことの先には仕事の幸せはありません。時間をかけてでも、仕事そのものに意義を感じることができる土俵を見つけるしかありません。

他責鬱憤晴らし

人間誰しも幸せになりたいと思う。と同時に、とにかく面倒なことを回避するという怠惰《たいだ》もまた人間の本性。手っ取り早く幸せになる方法を探そうとする。そこに口を開けて待っているのが、刹那《せつな》的な疑似幸福の罠です。すなわち、「人の不幸は蜜の味」。他者の不幸を知れば相対的に自分が幸せであるかのような気分になれます。

週刊誌の見出しにはいつもスキャンダルが並んでいます。政治家の不倫や芸能人の離婚など、当人や家族、関係者以外にはどうでもいい話のはず。それがいちいち記事になるのはメディアにとって価値があるからです。なぜかと言えば、需要があるから。権力があるとか、名声があるとか、経済的に豊かだと思われている人が、何かでしくじって急転直下不幸になる。そういう不幸を見て「ザマアミロ！」という気分になる。スキャンダルは相対的幸福感を提供するコンテンツなわけです。不倫とか揉め事だとかの不幸ばかり追いかけているようでいて、実は週刊誌やネットメディアは「幸福増進サービス」なのかもしれません。

言うまでもなく、「人の不幸は蜜の味」は刹那的です。「没不幸」どころか、一瞬の慰みでしかありません。そのときは気分が何となくスカッとして、それに比べりゃ自分はまだマシだと思えても、相対的幸福感は三〇秒後には雲散霧消してしまいます。

さらに安直な不幸回避を求める人は「他責鬱憤晴らし」に傾きます。日産のカルロス・ゴーン元CEOの海外逃亡が話題になったときのことです。このスキャンダルというか事件は権力者の失墜という話なので、相対的幸福感を提供しようとするメディアにとっては鉄板のネタです。

ゴーン逃亡事件はいわゆるひとつの人間の愚。その程度においては甚《はなは》だしいのですが、ゴーン氏その人はタダの「強欲な人」です。成功→自己中心→全能感→自己合理化→暴走という成り行きの典型で、「ま、世の中、そういう人もいるよな……」としか言いようがない。

僕にとって興味深いのは、この犯罪者にして逃亡者を、擁護するどころか肯定的に評価する人が日本に散見されたことです。その手の連中が決まって言うのは「日本が悪い」。司法制度が前時代的だとか、国外逃亡を抑止する裁判所のセキュリティが甘いとか、日本の国際世論の形成力が弱いとか、そういう論点を経由して、ゴーン氏に対して肯定的というか許容的な主張をしていました。

ゴーン氏のトンズラについて「日本のセキュリティが甘い」と批判している人は、ちょっと前は「長期勾留は人権無視。日本の司法制度は前時代的」とか言っていたわけです。ゴーン氏のような自己中心的な人物はちょっと目を離すと証拠隠滅や逃亡を図る。リスク回避のために拘束しておく必要がある。だからこそ勾留という制度があるのですが、いざ逃亡ということになると、今度は裁判所を甘いと批判する。まるで矛盾しています。

誰も覚えていないと思いますが、ゴーン逃亡事件と同時期にこういうニュースがありました。米航空機大手ボーイング社の主力機「737MAX」が二度の墜落事故を起こし運航停止となった問題で、ボーイングは航空会社への補償に伴って、約一五〇億ドル（約一兆六〇〇〇億円）に上る巨額費用の計上を迫られた。ボーイングは補償などに対応するため五〇億ドル程度の調達を検討中で、買収計画の凍結や研究開発費の抑制も視野に入れている――このニュースを聞いて、「アメリカが悪い」と言う人はまずいないでしょう。ボーイングはアメリカに籍を置く企業ですが、これはどう考えてもボーイングという一企業の問題です。アメリカ（のシステム）の問題ではないことは自明です。「だからアメリカはダメ」と主張する人がいたら、ちょっとヘンだと思うはずです。

ゴーン事件は一例に過ぎません。何につけても、すぐに「日本が悪い」「日本はダメだ」という超越的な理由づけをする一群がいます。価値判断や評価において、対象を何重にもすり替えているとしか言いようがありません。

なぜ「日本が悪い」となるのか。ようするに、鬱憤晴らしです。どうも面白くない。仕事や生活で何らかの不満や鬱屈が溜まっている。繰り返しになりますが、世の中、うまくいかないのが当たり前。すべてにおいてうまくいっている人など、現実には存在しません。誰もが何らかの問題を抱えている。鬱屈の大部分は自分の責任、自分で何とかするのが大人というものです。ところが、それでは身も蓋もないので直視したくない。で、責任をおっかぶせる犯人を探す。このときにいちばん都合がいいのは「日本」というマクロシステムです。

なぜかというと、生まれた国は選べないからです。日本というマクロ条件は他責鬱憤晴らしの性能に優れている。同じ他責の犯人探しでも、「上司が悪い」「会社が悪い」と言ってしまえば、「じゃあ、転職しなさいよ」となり、自責に引き戻されてしまいます。これが面白くない。「日本が悪い」であれば、自責に戻ってくる心配はありません。気持ちよく思考停止できます。何を見ても聞いても「こんな日本はもう駄目だ」「希望がない」「閉塞感」「中国に抜かれた」といった話にもっていくのがスキな人がいます。この手合いに遭遇したときは、「ま、いろいろツライことがあるんだろうな……」と悲しみとともに放置するべきです。

日本という国家システムに問題があるのは当たり前です。悪いところは山ほどある。そもそも国家システムに「完全なもの」などあろうはずはありません。「日本が悪い」と言う人に聞きたい。じゃあ、どの国家システムなら「良い」のか。日本の裁判所や検察にも問題があろうし、中にはワルもいるでしょうが、アメリカやヨーロッパの司法制度にもわりとエグイところがある。当然ですけど。中国の刑事司法に比べれば、相当にマシな気がします。当たり前ですけど。

レバノンについてはよく知りませんが、司法の政治からの独立という基礎的な基準ひとつとっても、日本の司法制度のほうがよほどマシなのではないでしょうか。ゴーン氏はレバノンの司法制度が公正だからレバノンに行ったのではありません。自分にとってレバノンのほうが都合がいいだけ（他の国ならすぐにパクられるから）。マクロシステムの問題ではなく、超ミクロの個人的利害です。

論理的に類似しているパターンが「時代が悪い」――時間軸でのマクロ他責です。「高度成長期の元気な日本だったらよかったけれど、俺は就職氷河期世代だから……」とか、「これからの人口減少の日本には希望が持てない」（↑時間と空間の合わせ技）とかブツブツ言う。

「時代が悪い」と言う人に聞きたい。じゃあ、いつの時代なら「良い」のか。高度成長期の日本は確かに元気な面もありましたが、ここそこで人が怒鳴られたり殴られたりしていました。中学生のとき、知り合いのケーキ屋さんでもぐりのバイトをさせてもらったことがありました。クリスマスケーキの繁忙期の軽作業で、ハードな肉体労働でもありません。ケーキ工場というのはわりとフェミニンな職場だとすら思っていたのですが、ミスをした人を班長さんがぶん殴っている。当時はそれを見ても「人を殴るなんて間違ってる」とは思いませんでした。学校でも普通に先生に殴られていたからです。「やっぱり大人の世界って、気合入ってんなー」というのが昭和の中学生の感想でした。

一八歳になって自動車教習所に通いました。そこでも荒っぽい教官がいました。比喩ではなく生徒の僕に殴る蹴るの指導（？）をしてくださいます。さすがにこれはどうかと思って、その教官を所長のところに引きずって行って「こいつが僕を殴ったり蹴ったりするんで何とかしてくださいよ」と文句を言いました。そうしたら所長が「まあ、人間同士だからそういうこともある。気が合わないんだよ、お前ら」と受け流すのでずっこけました。

令和の現在、お金を支払ってサービスを受けている客を殴るサービス業はあるでしょうか。今、こんなことがあったらタダの犯罪です。僕がＳＮＳで拡散したとしたら、教習所は廃校に追い込まれたかもしれません。これはありていに言って文明の進歩です。殴る蹴るのパワハラは今はほとんどなくなりました。暴力だけではありません。昭和の当時は公害もありました。夏に鷺沼プール（近所にあった大きなプール）に行くと、光化学スモッグでしばしば目がシバシバしました。人口は増える一方で、住宅難、交通戦争、受験地獄と言われていました。それでも応仁の乱や縄文・弥生の時代と比べれば、昭和は相当にマシでしょう。「応仁の乱の頃だったら、どう？　殺されるかもよ」とか「縄文時代だったらいいの？　竪穴式住居は冬はわりと寒いらしいよ」と、いくらでも突っ込み可能です。

マクロ他責の鬱憤晴らしは悪循環の起点にして基点です。そのときはちょっと気が晴れるかもしれませんが、繰り返しているうちにどんどん不幸になっていきます。しょせん一回の人生、一人の自分しか生きられません。人生晴れの日ばかりではない。それでも、生活の充実は「今・ここ」にしかありません。

微分派と積分派

私見では、人は幸福に対する構えで微分派と積分派に分かれます。この分類は、その人が幸せを認識するメカニズムの違いに注目しています。例えば昇進したとか、自分の評価が上がったとか、直前と現在の変化の大きさに幸せを感じるタイプが微分派です。一方の積分派は、その時点での変化率よりも、これまでに経験した大小の幸せを過去から累積した総量に幸せを感じます。これは優劣の問題ではなくて、人間のタイプの違いなのですが、幸福の意味するところは微分派と積分派でわりと異なります。

僕は完全に積分派です。本を作るときでも、ベストセラーよりできればロングセラーになってほしい。「一気にベストセラーチャート入り！」とかではなく、じわじわ読者が広がっていくほうがイイ。「すこし愛して、ながく愛して」が理想です。もちろん、そんなにうまくいくことは滅多にないのですが。

かつての心理学は疎外などの人間のネガティブな心理状態の解決を目的としていました。しかし世の中がそれなりに豊かになってくると、より積極的に「人間が幸せであるとはどういうことなのか」を解明しようとするジャンルが現れた。ポジティブ・サイコロジーです。その分野の研究の中で、僕がなるほどと思った知見があります。ある「イベント」で一時的に幸福感が急増しても、人間はすぐに飽きてしまうので、幸福の源泉としては持続しないということです。微分派にとっての幸せは、そのときはガツンと来ます。昇給や昇進はその典型です。そのときは大いに高揚しても、その給与水準や職位にはすぐに慣れてしまいます。しかもより重要な事実として、ガツンと来るイベントは毎日起こりません。

僕はパーティー嫌いですが、例外的に電通の年賀会には万難を排して駆けつけるようにしています。なぜかというと、立食形式で出てくるご馳走が異様に充実しているからでありま す。ありとあらゆるご馳走が並び、スキなものをスキなだけ食べられる。子どもの頃に見た 夢が現実になったような時空間ですが、これにしても年に一回だから楽しいのであって（二 回でもイイ）、毎日だったら全然嬉しくないでしょう。しかも、イベントを経験するたび に、次はもっと大きな刺激でないと幸福中枢に効かなくなります。キリがなくなってしまい ます。微分的な幸せの追求には限界があり、積分した総量にこそ幸せがあると僕が思うゆえ んです。

積分派の幸福は記憶にあります。例えば子育て。やっている最中は大変でも、二〇年経っ て振り返ってみると、いくつもの幸せな記憶が積み重なっています。旅行もそうです。その 最中も楽しいのですが、ふとしたきっかけに旅行をしていたときのちょっとした出来事を思 い出し、何とも言えない幸福感に包まれることがあります。

僕の所属するバンド、Bluedogsのライブでの実演はあからさまな幸福です。聴いてくだ さっている方々は別としても、こっちはもう始まったその瞬間から痺れている。しかし、で す。これにしても、演奏の真っ最中で感じる幸福よりも、振り返ったときに「ああ、あのと きは確かに痺れたな」という記憶が残っていることが幸福としてずっと大きい。記憶こそ人 間の最大の資産だというのが僕の考えです。

中学生の頃から日記をつけるというルーティンを続けています。五年一〇年どころか四〇年前の自分とも対話ができる。これが日記のイイところです。例えば、一五歳の今日は何をやっていたのか。当時の日記をめくってみると、ベッドに寝転がって、おかきを食べながら、石原慎太郎の青春小説『人魚と野郎』を読んでいます。今とまったく変わっていない。読んでいる本が山根貞夫『東映任俠映画120本斬り』（ちくま新書）に、食べているものが柿ピーに変わっているぐらいです。

「今とまるで同じじゃないの……」と、驚きをもってつぶやくと、一五歳の自分が「お前、初老になってもほんとに変わってねえな……」と投げ返してくる。過去の自分と対話をしていると、自然にその頃のちょっとした幸せな出来事の記憶がよみがえります。当時の日記には、もちろんイヤなことについての文句もそれなりに書き連ねてあります。不思議なことにネガティブなことはすっかり忘れてしまっていて、具体的なことまで思い出せません。イヤなことは記憶に定着しないように人間の脳ができているのかもしれません。幸福の正体が記憶資産にあるとすれば、習慣的に日記をつけるのは幸福になるための優れた方法のひとつだと思います。

ブランディングよりブランデッド

微分派か積分派か。この分類は商売に対する構えにも当てはまります。どんな企業にとってもブランドは非常に大切なものですが、「ブランディング」という考え方については、僕はどちらかというと懐疑的です。「よーし、ブランディングをするぞ！」という色気が、かえって商売を歪めたり弱めたりすることがあるのではないでしょうか。

ブランドというのは、振り返ったときにそこにあるものだというのが僕の考えです。毎日の商売の積み重ねで段々と信用が形成され、気がついてみるとその総体がブランドになっている。すなわち、動名詞のブランディングよりも過去分詞の「ブランデッド」です。

ブランディングとなると、プロモーション予算を組んで、インターネットでインフルエンサーを使ってバズらせましょう、という話になりがちです。今の時代、いかにもブランディングに効きそうなデジタルマーケティングの手法やツールが用意されています。フェイスブックやインスタグラムなど即座に使えるプラットフォームもあります。その道の専門家を雇い、予算を組んでプロモーションをバンバンやるのですが、この手のブランディングは楽観的に過ぎると思います。手っ取り早くうまいことやろうという方向にどんどん流れ、商売の内実がおろそかになる恐れがある。

ブランドはある一時点での顧客認知の大きさではなく、顧客の中に積もり積もった価値の総体です。独自の価値提供に自信がない会社ほど、ブランディングというお化粧で勝負しようとする。お化粧はそのうち剝がれてしまいます。ベースがしっかりしていないところにお化粧をしても、たかが知れています。

ブランドほど強力な資産はありません。お客さんが選んでくれる。より高いお金を払ってくれる。商売が著しく楽になります。まことにありがたい話です。ただし、ブランド論は同義語反復に陥りがちです。なぜこの会社は強いのか。それはブランドがあるからだ。じゃあブランドを作りましょう、となるのですが、そのためには結局のところ商売そのものを強くして、独自価値を創出するしかない。「ブランドがあるから強い。何で強いかというと、ブランドがあるからだ」というトートロジーになる。

強力な商売が結果として強力なブランドをもたらす。この因果関係こそが本筋です。ブランドがあるから強いのではありません。トヨタもアップルも、そもそも商品やサービス、オペレーションに独自の価値があったからこそ、今日のブランドになったわけです。ブランドというのは、それまでのあらゆる企業努力による日々の商売の蓄積から結果的に発生する「ご褒美」のようなものだと割り切ったほうがよいと思います。

ご褒美を先取りしようとして手練手管を連発しても、お客にはすぐに見破られます。一時的にバズらせることはできても、長続きしません。前にも言ったように「ベストセラーよりもロングセラー」が僕の好みです。振り返ってみると思いがけずブランデッドになっていた

――これが理想の成り行きだと思います。

信用と人気

江戸時代に井原西鶴が強調しているように、今も昔も信用は商売にとっていちばん大切な無形資産です。僕が私淑している昭和の大女優、高峰秀子さんは「信用」と「人気」を峻別しています。ブランデッドが信用であるのに対して、ブランディングは人気を志向します。

需要がないと仕事にはならない。ただし、その需要は決して人気であってはいけない。人気があるうちは、周りが何でも言うことを聞いてくれる。全能感を持ち、根拠のない楽観主義に走る。女優は文字通り人気商売です。普通の女優は人気を求める。しかし、人気はあくまでも一時的なもの。最後に残るのは信用しかない。「高峰秀子が出ている映画だから大丈夫だ」――これが信用です。映画出演でも本の執筆でも、高峰さんは仕事生活の根底に信用を置いていました。

人気が微分値であるのに対して、信用は積分値です。ブランディングは微分値を極大化しようとする。KPI（Key Performance Indicator）が設定できるし、予算も組め、効果測定もできる。一見コントロールできそうに思いがちですが、お客の心はコントロールできません。コントロールできないものを無理やりコントロールしようとする。ここに多くの間違いの原因があります。

考えてみると、マスプロモーションを一切しないというのが商売の究極の姿なのかもしれません。例えばスターバックス社は、マスプロモーションにほとんど予算を使っていませんでした。最近は変わったかもしれませんが、創業から長きにわたって広告予算はほとんどゼロでした。ベンチャーの頃は顧客認知を急ぎたくなるのが普通だと思いますが、創業者のハワード・シュルツは本当の意味での信用がものを言うことを理解していたのだと思います。

今どきの大きなローファームは立派な事務所を構え、ブランディングに余念がありません。個人向けの弁護士事務所も、電車のサイネージに広告を出したり、テレビでCMを流したり、熱心にプロモーションをするところがあります。ところが、僕が尊敬している渉外弁護士の事務所にはホームページがありません。彼は「弁護士が営業やマーケティングをはじめたら、その時点で終わり」と言っています。本当に仕事を依頼したいのであれば、住所や電話番号を自分で調べて、向こうからやってくるはずだ――言われてみればその通りです。信用と評判さえあればお客さんからやって来る。そして、仕事を引き受けた以上は決して期待を裏切らない。こうしてますますブランドが強くなります。

ゴルゴ13は究極のブランデッドの体現者です。SNSを駆使したブランディングに余念がないゴルゴ13には仕事を頼む気にはなりません。

幸福の敵

幸福の条件に話を戻します。人間にとって最大の不幸は何かを考えてみるのも、幸福とは何かを知るために意味があります。他人との比較——より厳密に言えば嫉妬——これこそが幸福の敵であり、人間にとって最大級の不幸のひとつだと僕は思っています。

嫉妬という不幸にして醜い感情の源泉は比較可能性にあります。面白いことに、自分と比較できないところにいる対象に嫉妬する人はあまりいません。「同じ日本に生まれた同い年なのに、こいつは若くして起業に成功して大金持ちになっている、チキショー……」という人でも、ドバイのハムダン王子には嫉妬しません。空間的に遠いし、王家に生まれたわけではない自分とはそもそも比較しようがないからです。

大化の改新を主導した中大兄皇子《なかのおおえのおうじ》に「うまくやりやがって……」と嫉妬する人は稀です。時間的に遠すぎて、現代とはまるで状況が違うので比較可能性は低い。これがアレクサンダー大王となると、ごく一部のマニアを別にして、嫉妬する人はまずいません。時間と空間が両方とも遠すぎる。比較可能性がゼロなので、嫉妬の対象にはならないのです。

「何で大谷翔平はあんなに成功しているんだ、チキショー……」とは普通は思わない。大谷選手が野球能力の点で比較できる次元にはいない人だからです。この裏返しで、自分について根拠のない有能感を持っているほど、無意味な他者との比較に陥りがちです。「俺はデキルのに……」という思い込みがあるから、他人と自分を比べて嫉妬にかられる。その点、始めから自分の能力に確信を持たない絶対悲観主義者は、嫉妬とは無縁です。

しかも、嫉妬をする人というのは、相手の成功しているところ、恵まれているところしか見ていない。本当はアレクサンダー大王も織田信長もハムダン王子も、孫正義さんだって、人知れず辛い思いをしているはずです。ダンデミスという人が言っています。「他人の幸福をうらやんではいけない。なぜならあなたは、彼の密かな悲しみを知らないのだから」——嫉妬する人にはそれが見えない。本来それぞれの人の中にしかない幸せを人と比較するのは間違いなく不幸です。

不幸になるもうひとつのパターンは他律性です。すなわち、「人から幸せだと思われていることが幸せ」だと思い込む。ラ・ロシュフコー『箴言集《しんげんしゅう》』の中に、「幸福になるのは、自分の好きなものを持っているからであり、他人が良いと思うものを持っているからではない」という名言があります。幸不幸を決めるのは自分自身の価値基準しかありません。価値観は人によって異なります。本来は「いいじゃないの幸せならば」で話はおしまいです。ところが、世の中の最大公約数的な価値基準に乗っかってしまうと、いつまで経っても自分の価値基準がどこにあるのかわからなくなります。これは根本的な幸福の破壊です。

ずいぶん昔、平成初期の話ですが、ある有名進学予備校で講演する機会がありました。予備校の生徒だけではなく、教育熱心なお母さまやお父さまも見えていました。当時は今よりも大学受験というものが白熱していたからかもしれませんが、みなさんすごく真剣です。子どもを良い学校に行かせたいという情熱がたぎっている。

「もしお子さまをどこの学校でも入れてあげると言われたら、どこを選びますか」と質問をしますと、「東大です」と言う人が圧倒的に多い。「何で東大なのですか」と聞くと、「やっぱりいちばん入るのが難しくて、良い学校だから」「東大に行くと、より良い職業に就ける可能性が高い」という答えが返ってきます。「では、より良い職業って何でしょう」と聞くと、「例えば大蔵省（現在の財務省）とか……」。なぜならそれがいちばんのエリートが就く仕事だからです。その中でも、できたら主計局。それがいちばんエライということになっているから――。

これは「他人が良いと思うものを持っている」ことが幸せになってしまうという成り行きの典型です。本当は幸せになることが目的のはずなのに、そのはるか手前にある手段が目的化してしまう。今は東大がスタンフォードに、大蔵省がグーグルに変わっているだけで、いつの時代もこういう他律的な人はいます。その手の人はやたらと「これからはこうじゃないと、生き残れない」とか言います。遠く歴史を遡れば、生きることが目的になっている時代、生きるために生きなければならない時代が確かにありました。しかし、今は令和の日本です。戦国時代じゃあるまいし、生き残れないと言う人で、本当に死んだ人はいません。

繰り返しますが、幸福ほど主観的なものはありません。幸福は、外在的な環境や状況以上に、その人の頭と心が左右するものです。あっさり言えば、ほとんどのことが「気のせい」だということです。自らの頭と心で自分の価値基準を内省し、それを自分の言葉で獲得できたら、その時点で自動的に幸福です。「これが幸福だ」と自分で言語化できている状態、これこそが幸福に他なりません。

第３章　健康と平和

厄年の実感

絶対悲観主義がダウンサイドに強いということはお話しした通りです。どうせ思い通りにはならない。うまくいかなくても、「まあ、イイか」と「それがどうした」で次に行く。大体のことは気のせい――。

そんな絶対悲観主義者でも、人間社会の二大問題だけは「気のせい」では済まされません。すなわち、ミクロにおいては疾病、マクロにおいては戦争です。本格的に健康を害するのは明らかな不幸です。僕は戦争を直接経験したことがないのですが、これこそ絶対悪です。裏を返せば、健康で平和でありさえすれば、後は大体気のせいだということです。

大した病気をしたことがなかった僕は、健康が自然なことのように思っていました。ところが、四二歳のときに健康を害しました。病気以外にもこの年には悪いことが集中しました。厄年とはよく言ったものです。僕にとってこれは良い経験でした。よく言われることですが、失って初めて健康のありがたさが身に沁みます。絶対悲観主義者として、まだまだ甘かったと反省させられました。

いよいよシケた話になりますが、初老ともなると、ときどき五十肩を発症します。厄年の病気と比べると小さなことですが、服を着替えるのに肩が上がらないと大変だなとか、クルマを駐車するのに後ろを向けないと意外に難しいなとか、身体の自由を失って初めて気づく。たまにはこういうのもイイかな、と思ってはみるのですが、そう思うぐらいしかいいことがありません。

いろいろな情報を収集して、このサプリメントがいいとかこれは効かないとか、日常の生活習慣でこういうことはやってはいけないとか、やたらと知識豊富な人がいます。これはこれで不健康だという気がします。今ではインターネットで情報が入り放題なので、こっちの方向に行くとキリがありません。知識豊富な健康マニアは、ある調査データに注目して、こういうことをやっている人はやっていない人よりも平均寿命がこれぐらい長くなる、というような話をするのですが、それはひとつの相関関係に過ぎません。健康マニアの知識や情報は場当たり的に過ぎると思います。

かかりつけのお医者さま、小林弘幸先生と話していると気が楽になります。「自律神経のバランス」という統一的なロジックで説明してくれるのが小林先生のイイところです。一〇〇個の健康法を知っているよりも、よほど健康的に生活できるような気がします。

自律神経には、交感神経と副交感神経があります。前者がアクセル、後者がブレーキという役割で、このバランスの上に健康がある。子どもが延々と眠っていられるのは、副交感神経が圧倒的に優位だからです。現代人の多くの健康問題の原因は副交感神経が不活発になることにあります。一定の年齢を過ぎると、副交感神経の活動が急速に下がってきてバランスが崩れる。副交感神経を再活性化させることが大切になります。

小林先生のアドバイスは素朴で簡単なことばかりです。副交感神経を活性化させるには、意識的に呼吸を深くする。鼻から四秒ぐらい吸って、口から八秒ぐらいまで吐く。これなら、気づいたときにいつでもできる。最近は、ジムのサウナに入った後のジャグジーの中でこれをやっています。とてもリラックスして、ジムを出るときには以前に増してすっきりするようになりました。

ゆっくりとリズミカルに歩く。仕事に出るとき、駅までゆっくり歩くようになりました。とにかくゆとりを持って行動すること、約束の時間よりも前に着いて、のんびり深呼吸する。極度に慌てているときは、人間はかなり長い間呼吸をしていないそうです。これが副交感神経を殺し、ますますドタバタする。慌てたときほど、意識的にゆっくりと呼吸をしなさい、というのが小林先生の教えです。

高齢化問題の最終解

僕はまだ初老段階にあります。本格的な高齢者経験はないのですが、年を取っていくといよいよ知性の勝負になるという気がしています。高齢化問題の最終的な解は教養にある、というのが現時点での僕の考えです。

高校生ぐらいまではクラスの中に飛び抜けて勉強ができる子がいます。振る舞いも大人びていて、たいして勉強してなさそうなのに、楽々と東大に合格する。何か別種の人間のように見えて、近づきがたい。

今にして思えば、こうした傑出した秀才が出てくるのは、学校という小さな社会に押し込められているからです。しかも、能力が試験の成績という単純な尺度に一元化されている。他者との違いが量的にはっきりと出るから、ずば抜けているように見えるだけで、子どもは子ども、実際には大して差がない。

ところが、七〇代、八〇代になると人間のレベルに差が出てきます。よく生きている人と、そうでもない人の違いが露骨に表れる。長い人生の中で、一方は好循環を、他方は悪循環を起こすので、どんどん差が開いていく。この差の根幹にあるのは何か。僕は知性と教養だと考えています。自分を客観視する。世の中での自分を俯瞰して見る。具体的なことごとの背後にあるものを抽象化して本質をつかむ。ようするに知性です。何よりも自分の経験と頭と言葉で獲得した価値基準を持ち、精神的な自立と自律を保てているか。つまりは教養です。

昔話の定番プロットに「いいおじいさん（おばあさん）」と「悪いおじいさん（おばあさん）」の対比があります。「舌切り雀」「花咲かじいさん」はその例です。高齢者が人格の良し悪しのモデルになっている。年を取るほどその人の本当が出るというのは、昔から変わらないのではないでしょうか。

料理店でたまに機嫌が悪そうにしている高齢者を見かけます。注文の仕方がぞんざいで、お店に対して高圧的に文句を言ったり、あれはできないのか、これをしろ、これはするな、と、やたらに過剰要求を繰り出す。相手の事情に目が向かず、ひたすら自分都合で考える。自分にとっての目先の利害で頭がいっぱいで、他者に対する寛容さがない。自分に問題があるのではなく、周囲が悪いと考える。他者依存が強く、自律性に欠ける。精神的に自立していない。

一言で言えば、幼児化です。子どもは何でも自分の思い通りいくという前提で生きています。自分の思い通りにならないことがあると機嫌が悪くなる。赤ちゃん返りの退化の果てに「悪いおじいさん」が出てきます。

「人生一〇〇年時代」は単に物理的な寿命を言っているに過ぎません。医学と科学の発達で、人間のハードウェアは一〇〇年間作動する時代が近いうちに来るのかもしれません。しかし、ソフトウェアがハードウェアについていくかどうかはまた別問題です。ソフトウェアが劣化したまま、ハードウェアだけが一〇〇年間動き続けるというのは、果たして幸せなことなのか。僕は大いに悲観的です。

極端なケースでは、不老不死の可能性を真剣に論じる人がいます。工学的にいろんなパーツを使えば、脳だけで人間はずっと不老不死でいられると言うのですが、それは決して幸せではないと僕は思います。どこかで終わりを意識するからこそ、思考と行動の充実がある。寿命という制約があるから時間にも人生にも価値があるというのが本当のところだと思います。

当時書かれた本を読むと、明治時代の三〇歳はつくづく大人でした。僕の三〇歳のときとあまりにも違う。時代背景もありますが、寿命が大きく伸びたということがその大きな理由だと思います。何となく八〇歳ぐらいまで生きるだろうと構えていると、三〇になってもまだまだ先がある気になり、覚悟を持った大人になり切れない、という成り行きです。

比較的近い昭和時代でも今とはかなり様相が異なります。昭和のお父さんの典型的なモデルに『サザエさん』の磯野波平氏がいます。『サザエさん』の連載が始まった一九四六年の日本の人口は約七〇〇〇万人。驚くべきことに、六五歳以上の高齢者は五％以下。二〇人に一人しかいません。

調べてみたところ、波平氏は明治二八年（一八九五年）九月一四日生まれの五四歳。九月一二日生まれの僕と誕生日が二日しか違わないのですが、僕は波平氏の年齢をとうに越しています。波平さんと今の五四歳を比べると、家庭や社会での役割意識や行動様式、思考様式がまるで違います。頭髪だけは波平さんと同等というかむしろ凌駕していますが、四つ年下の波平さんが僕には二〇歳ぐらい年上に見えます。当時の男性平均寿命は五〇・〇六歳です。五四歳にもなると、それなりの覚悟ができていたのだと思います。もし一〇〇歳まで生きていられたとしても、僕のような凡人にとっては人生が間延びするだけなのではないかという気がします。

人生一〇〇年時代と言うと、健康的な生活習慣、老後に備えた資産形成という話が前面に出てきます。僕はそれ以上に頭の中身が大切だと思います。認知症などの医学的な頭の問題は徐々に解決されていくにしても、それは教養とはまた別の問題です。絶対悲観主義者としては、体力低下はもちろん、ハードウェアの故障がどんどん出てくるのを覚悟しています。ハードが劣化していくからこそ、ソフトの力がものを言う。ソフトまで劣化すると、人生一〇〇年時代が幼児退行の時代になってしまいます。健康問題は教養問題というのが僕の考えです。

戦時下の日記

もう一つの大敵は戦争です。僕が生まれてからの日本は少なくとも直接的には戦争をしていません。これは素晴らしくもありがたいことです。世の中が平和だからこそ、僕もこうして呑気な生活を続けていられる。戦争だけは勘弁してほしい。戦争を起こさないために、個人として世の中をどのように見て、何を考え、どう行動すればいいのか。僕なりに考えることがあります。

過去の戦争において、戦争指導者が何を考え、どのように判断し、行動したのか。戦争の歴史を知ることが大切なのはもちろんですが、僕が多くを学んだのは、政治・軍事の指導者や兵士ではない、市井の生活者として戦時下を生きた人が残した日記です。最初に読んだのはご多分に洩れず『アンネの日記』ですが、太平洋戦争下の日本人の日記に限定しても、名著と言われる清沢洌《きよし》『暗黒日記』や高見順『敗戦日記』をはじめ、徳川夢声の『夢声戦争日記』、山田風太郎の『戦中派虫けら日記』『戦中派不戦日記』、内田百閒《ひゃっけん》の『東京焼盡《しょうじん》』、こうした日記は絶品です。戦時下の日記を読むと、時空を飛び越えて、「ああ、戦争はこうして始まり、世の中の人々はこういうふうに受け止め、戦時体制に組み込まれていくのか」

ということが手に取るようにわかる。

僕にとってのベストの一冊は『古川ロッパ昭和日記』です。「今まで読んだ中でいちばん面白かった本を選べ」という無茶な質問をされたら、この本を選びます。戦前の昭和九年（一九三四年）から晩年の三五年（一九六〇年）まで、二段組みの小さな活字びっしりで四巻にわたる長尺ものです。

ロッパはエノケン（榎本健一）と双璧を成す昭和の大喜劇人でした。戦前の黄金時代は有楽町の劇場に連日出ています。ロッパ日記を読むと当時の都市型ライフスタイルは今とあまり変わりません。インターネットとスマートフォンがなかったぐらいで、人々のやっていることは大体同じなのが面白い。

一九三五年頃になると人々は戦争の危機をうっすらと感じるようになります。それでもさほど深刻でない。まだ日中戦争も始まっていません。都市部の会社員は結構豊かで、おしゃれをして銀座に行って、洋食屋でガールフレンドと一緒にビーフカツレツを食べて、ロッパの喜劇を見に行って、その後フルーツパーラーでお茶をして、地下鉄で帰る。小説になりますが、直木賞をとった中島京子の『小さいおうち』（文藝春秋）はプロットの設定も含めてこの辺を上手に再現しています。

日中戦争が始まり、本格的な大戦争になるかもしれないという話が新聞にだんだん出てくるようになります。「ヤバいな……」と人々は漠然と心配しています。それでも、ロッパは毎日舞台に立ってワンワン喜劇をやっている。観客も全然減らない。それまで通りの日常です。

一九四一年一二月八日、真珠湾攻撃とマレー作戦で日本は戦争に突入します。ロッパ日記に限らず、当時の日記のほとんどに共通しているのは、開戦時の日本中の人々の異様な高揚感です。アジアの新興国として出る杭は打たれる。帝国主義でさんざん好き勝手をしてきた西洋の国がABCD（America, Britain, China, Dutch）包囲網で日本を追い詰めている。いよいよわれわれの立つ日が来た——。

当時の日本には理不尽な我慢を強いられているという鬱屈した雰囲気がありました。実際、東京で暮らしていた人たちはそれほどの我慢はしていないのですが、気分的には面白くない。ついに開戦となり、日本を閉ざしていた蓋が取れて、空が見えたような爽快感が一時的に世の中を覆います。南方進出では連戦連勝、日本中で提灯行列のお祭り騒ぎになります。

ミッドウェイ海戦の大敗で戦況は暗転。日本軍の旗色は転げ落ちるように悪くなっていく。悪いニュースは国民には知らされませんでしたが、東京にいる人たち、とくにロッパのようなインテリにはなんとなくわかっていた。それでも、最悪の事態はまだ考えていない。戦争に出ている軍人や兵士は別にして、銃後の生活者はそれぞれの日常を普通に暮らしています。その普通ぶりに驚きます。

一九四三年になっても、「大変だ、大変だ」と言いながら普通に暮らしている。翌年、ついに本土爆撃が始まります。当たり前ですが、人々は最初は極度の恐怖に襲われます。爆撃機が一機飛んできただけで、防空壕の中で心臓が止まりそうになるほど怯えている。ところが、三ヵ月もするともう空襲に慣れてきます。何せ連日の空襲です。人間の適応力というのは凄いものだと知りました。空襲警報が鳴っても平然としている。面倒なのでいちいち防空壕にも入らない。ダァーンと焼夷弾が落ちるとそれでタバコに火をつけたりして、「今日はもうこの辺でおしまいでしょうな……」と近所同士で話をしている。

開戦前からこのときまでの「徐々に起きた急激な変化」の実相は日記でないとなかなかつかめません。開戦までの人々の普通の生活、開戦直後の全国民的な高揚感、そのあとの情報統制による漠然とした不安、空襲の衝撃と人間の驚くべき適応力――一日一日ゆっくりと戦争へ向けて動いていく世の中の雰囲気と、それを反映した書き手の心境の変化を追体験することができる。これは日記という記述形式に固有の価値です。

全員大損

日本が参戦した太平洋戦争はもちろん、近現代の主だった戦争の歴史を振り返ると、国や地域、戦争の原因と結果はさまざまですが、ひとつだけ共通点があります。それは「戦争反対！」という大合唱の中で戦争になるということです。

戦争が絶対悪であることは誰もがわかっている。戦争は絶対に嫌だ、戦争だけはやめておこうと言いながら、あるタイミングで「もはや戦争しかない」にばたんと切り替わる。戦争という選択肢が正当化されて、戦争状態に突入していく。近現代の戦争の歴史はこのパターンをずっと繰り返してきているわけで、これからもきっと変わらないでしょう。

戦争は外交の延長です。ということは、潜在的には常に戦争のリスクがあるということです。戦争リスクについては、いくら悲観的になってもなり過ぎることはないと思います。政治家や軍隊だけでなく、普通の生活者一人一人の頭と心の中に戦争を抑止する何かが必要となります。戦争の悪と、その結果として起きる災厄を知ることはもちろん重要です。しかし、戦争の悪と悲惨を十分にわかったうえで、それでも「もはや戦争しかない」と戦争になる。この歴史的事実を直視する必要があります。

戦争の悲惨さを訴えるだけでなく、さらに強力で現実的な抑止が必要です。それは「戦争がいかに損か」という現実的な認識だと僕は考えています。戦争の悪の大きさを事前かつ量的にイメージできるからです。道徳以前に損得で考えるべきだということです。経済だけではありません。一人一人が自分にとっての実利を考えることが、戦争抑止のための思考と行動をもたらすはずです。

振り返ってみて「あの戦争はやっといてよかった」などという例はありません。世界大戦後も、大国は地域紛争に首を突っ込んでは大損をこいてきました。ベトナム戦争は二〇世紀後半の最悪の戦争です。ベトナムはもちろん、アメリカの人々もとんでもない損失を被りました。反道徳的・非倫理的である以上に何も得がない。北野映画の「全員悪人」ならぬ「全員大損」です。

これを書いている時点では、ロシアのウクライナ侵攻が続いています。「非人道的な扱いを受けている人々を保護する」「派兵の要請を受けた」「紛争を解決し、平和と安定を回復する」「他の選択肢はなかった」――二〇世紀以降の戦争は必ずと言っていいほどこのパターンで始まるのですが、今回もまったく同じ成り行きです。こと戦争（の開始）に関しては、人間社会はまったく進歩していません。

二〇一五年から一七年までの約二年間、映画監督のオリバー・ストーンがプーチン大統領にインタビューを重ねた記録『オリバー・ストーン・オン・プーチン』（土方奈美訳、文藝春秋）を興味深く読みました（僕が読んだのは二〇一九年）。この本が伝えるプーチンは冷静な損得勘定に長《た》けたリーダーです。

ストーンは現代アメリカきっての反体制派リベラルですから、アメリカ政府に対してはっきりと批判的です。それに対してプーチンは一言、「自分はロシアの国益だけを考えている。アメリカに対して中立的だ。あなたの反米主張に私を巻き込まないでくれ」——明晰で率直な主張。慎重な決断。国益と主権の徹底追求。徹底した現実主義。好き嫌いは別にして、現役政治指導者としては格が違うという印象を受けました。こういう人とサシで交渉しなければならない安倍晋三首相（当時）が気の毒になるほどでした。

何よりも修羅場経験が半端ではありません。「このままだとアメリカは破滅する」と言うストーンに対して、「破滅するかもしれない国と実際に破滅した国では、政治指導者の仕事の難易度と求められるものはまったく違う。私は現実に破滅した国を任されて、ここまで何とかやってきたのだ。あなたの懸念は十分に理解しているが、まだアメリカは破滅していない。そういう国のかじ取りは誰でもできる」と切り返しています。

ウクライナ侵攻はプーチンによるプーチンのための戦争です。彼が巨悪であることはもはや議論の余地がありません。しかし、あからさまな悪を悪と言い立てても仕方ありません。つくづく理解しがたいのは、かつては冷静に国益第一でやっていたプーチンが、なぜこのような愚行に踏み切ったのかということです。国際法や国連憲章に違反しているという以前に、損得勘定においてプーチンは錯乱しているとしか思えません。ウクライナはもちろん、当のロシアにとっても何の得にもならない。それどころかロシアの国益を徹底的に毀損する暴挙です。マーヴィン・ゲイの名曲"What's Going on"そのままに、「これはいったいどうしたことか」と思わされます。

錯乱の最大の理由は、私見では指導者として残りの時間が短くなっていることにあると思います。独裁者の常として、プーチンは経験と実績に絶対の自信を持ち、自らの能力に疑いを持っていません。自分ほどの人物は今のロシアにはいないし、今後もしばらく出てこないと考えている。それだけに、自分の後のロシアが心配で仕方がないのだと推測します。自分が指導者として現役の間に何とか後世まで続く道をつけておかなければならないという「責任感」がある。それが国益になると信じている。客観的に観れば狂気と錯乱でしかないのですが、本人は「今しかない」と判断したのではないでしょうか。

戦争抑止法私案

これからの時代、意思決定と実行の点で強権国家が民主主義国家よりも優位にあると言う人がいますが、とんでもない妄言です。あれほどの修羅場を潜り抜け、難しいかじ取りを冷静にこなしてきたプーチンでさえこの有り様です。人間は致死率一〇〇%です。独裁者が率いる強権国家の最大のリスクは、独裁者が自分の死もしくは引退を現実問題として意識したときに陥る錯乱にあります。

確かに民主主義は非効率の極みです。民主主義が機能し過ぎてポピュリズムに陥るリスクもあります。それでも民主主義が最もマシであることは間違いない。過去の歴史を見ても明らかなように、独裁者の存立基盤は国民の支持です。独裁者ほど世論を気にします。強権主義が言論と報道の自由を制限するのは必然です。民主主義の生命線が脅かされます。万が一、これからの日本で強権主義が台頭したときは、全力で阻止しなければならない――ウクライナ侵攻はこのことをわれわれに教えています。

もちろん自衛隊は必要です。ウクライナのように他国からあからさまな武力侵攻を受けたときは、憲法の条文がどうであろうと、武力で応戦し、国を守るしかありません。それでも、戦争の抑止力はできる限りハードなほうがいい。確かに憲法九条は論理的に矛盾しています。敗戦のときに強制された、国民が合意していない、自衛隊はどうするんだ……考えれば考えるほどスジは通っていません。しかし、戦争自体がそもそも非論理的で非合理的なものです。何があってもこちらから戦争には動かないという歯止めが必要です。細かい条文の修正余地はあるにしても、現行の憲法九条のように理屈を超越した歯止めがあることについて、僕は基本的に賛成の立場です。

戦争抑止法の私案があります。条文はひとつだけ。「第一条　戦争状態に入った時点で内閣を構成する大臣および副大臣の二親等以内かつ一八歳以上の健康な者は全員直ちに身体的危険を伴う最前線の戦闘業務に従事しなければならない」——滅茶苦茶に聞こえるかもしれませんが、これは相当に実効性があると思います。それでも政府がやるというなら、本当に戦争が不可避な状態にあると考えてよい。そのときは僕も老兵として闘うにやぶさかではありません。

第4章　お金と時間

お金の三大特徴

前章では健康と平和という二大基盤についてお話ししました。この章では、人間にとっての二大資源——お金と時間——を考えてみます。

とかくお金についての話は世の人々の関心を集めます。お金が人間の本性を直撃するからです。それでも、自分の懐具合についてあけすけに語る人はあまりいません。お金は何も卑しいものではありませんが、あけっぴろげな態度を忌避するように人間社会はできています。性生活と同じです。人間のむき出しの本能に触ることについては、あからさまに語るのは下品とされています。

それでも最強の関心対象であることには変わらないので、お金についての本はいくらでも出てきますし、メディアも繰り返し取り上げます。例えば、「プレジデント」というビジネス雑誌。ちょっと目を離すと、すぐにお金についての特集を組みます。この数年の特集記事を見ても、「金持ち夫婦への道 投資入門」「年収1800万円 老後はなぜリッチなのか」「年収300万父さんはなぜ、億万長者なのか」「年収300万父さんはなぜリッチなのか?」（←前の二つの合わせ技)、「お金に困る人、困らない人」「金持ち老後 ビンボー老後」「金持ち家族、ビンボー家族」「金持ち夫婦 ビンボー夫婦」（とにかく金持ちとビンボーを対比する)、「金持ち夫婦の全ウラ技」（これはちょっと知りたい)、「まったく新しいお金の貯め方」（これだけさんざんやってきたのに、そんなものがあるのかな?)、といったように繰り返し同じ話をしています。よくネタが尽きないなと思いますが、本能直撃モノなので読者も飽きずについてくる。「プレジデント」は市販でいちばん売れているビジネス誌だそうです。

江戸時代のビジネス書のベストセラーに井原西鶴『日本永代蔵』があります。冒頭からして面白い。「金は商人にとって命の次に大切なものだ」で始めたすぐ後に、「金なんかあったって死んだらおしまい。あの世まで持っていけない」と言う。「金に拘泥《こうでい》するもんじゃない」と言ったとたんに、「やっぱり最後は金がものを言う」——話が行ったり来たりしています。大いに矛盾しているわけですが、お金というのは昔も今もそういうものです。お金がすべてではないとわかってはいる。それでも気になる。目先のお金の多寡や損得にどうしても反応してしまう。

僕もその例外ではありません。納税が国民の三大義務のひとつであることも、その意義も重々承知していますが、預金通帳の「コクゼイ」という文字の横にそれなりの金額が記載されていると、やっぱりちょっと悲しくなる。それでも、社会参加している気分がしてまずまず気分がイイ。矛盾しています。

なんでお金に対してそういうアンビバレントな気持ちになるのか。その理由はお金というものに三つの大きな特徴があるからです。第一に、「一元的な量」であるということ。ひとつの物差しで記述し認識できる。文脈を飛び越えて「金持ち夫婦」と「ビンボー夫婦」を比較できます。「年収五〇〇万円と一〇〇〇万円の生活スタイルの違い」と言われると気になるし、チキショー俺の倍も稼ぎやがって、と嫉妬の要因になったりする。

第二に、「汎用的交換性」です。本当に大切なものはお金では買えない。でも大体のものは買えてしまう。交換手段としてやたらに汎用性が高いのがお金の特徴です。

個人的な話なのですが、単純なミスで五〇〇万円をムダにしたことがあります（その詳細は悲しくなるので割愛します）。当然のことながら、わりと不幸な気分になりました。ま、しょせんカネだから別にイイじゃないかと絶対悲観能力で挽回しようと試みましたが、モヤモヤがしばらく続きました。「この五〇〇万があれば、おいしいお鮨が五〇〇回食べられたのに……」と考えてしまう。お金の汎用的交換性がこういう思考をもたらします。交換性が高いので、ありとあらゆるものが紐づいてしまう。

どうにも悔しいので、一元的な量というお金の性質を逆手にとった解決策を試みました。

すなわち、もっと大きな損をした人を見るという戦略です（「幸福の条件」の章で「人の不幸は蜜の味」を批判したのと早速矛盾しています）。「最近、何かで大損したことある？」と、周囲の人に聞いて回ったところ、とある先輩がイイ話をしてくれました。

家を建て直すとき、この際素敵なやつにしようと高名な建築家に設計を依頼した。まずはコンセプトを固めて模型を作る。素晴らしい模型を前に建築家がプレゼンテーションしてくれた。ところがここまでの費用が思いのほか高くて、建築家に報酬を払ったら家を建てるお金がなくなった。結局何百万円もかかった模型だけが手元に残った——僕の気分が晴れたのは言うまでもありません。このケースと僕のケースはまるで性質が異なります。それでも、比較可能な一元的尺度であるだけに、お金は文脈を超えて気分に影響を及ぼすわけです。

お金の三つ目の特徴は「貯蔵性」です。モノよりコトとか言われますが、コトは流れていってしまいます。一方のお金はいつまでも置いておける。「1億貯まる生き方」（もちろん「プレジデント」の特集記事）というのですが、もちろん人はカネを貯めるために生きているのではありません。お金は手段です。お金をどう使うかにむしろ生き方が反映されると思うのですが、貯まった一億円には実体としての重みがあります。裏を返せば、「1億貯まる生き方」をしなくては、と人間の思考と行動を拘束する面があります。

一元的な量だから比較してしまう。汎用的交換性があるから何にでも関連づけてしまう。

貯蔵性があるから将来を縛る。こうした特徴を持つゆえに、お金は人間の本能を直撃し、いつでも関心の的になるという成り行きです。

柿ピー計算

お金に関して余計なことは考えず、人と比較したりせず、自分の生活を生きていたほうがいい。そう思う人は多いはずです。僕もその一人です。それでも、お金は嫌いではない。というか、わりとスキ。ないよりはあったほうがイイ。

僕の場合、大学院に行くことを決めた時点で、五年ほど無職無収入状態になることが確定しました。すでに結婚していた妻は会社員で普通に収入がありました。大学院生の頃の僕は柿ピーがスキで（今でもスキ）、おやつにいつも食べていました（昨日も食べた）。近所のスーパーで柿ピー調達に余念がなかったのですが（今ではネットでまとめ買いするようにしている）、とにかくお金がなかったので、消費におけるコストパフォーマンスに大いなる関心を持っていました。スーパーの棚には複数種類の柿ピーが並んでいます。一グラム当たりの値段が安いのはどれか。割り算がわりと複雑です。無意識のうちにしゃがみこんで、二つの柿ピーのパッケージを凝視しながら暗算していました。たまたま同じスーパーに寄った仕事帰りの妻にその姿を見られました。

「そこにしゃがみこんで何をしているのか」と聞かれたので、「どっちの柿ピーが得だか計算してた」。すると妻は僕を見下ろすように（僕はしゃがんでいたので必然的にそうなる）、「みっともないからやめろ！　お前も情けない男になり果てた。情けない……」――お金がないとどうも具合が悪いと実感しました。

柿ピーと同等もしくはそれ以上に僕がスキなものにフライドポテトがありました（今でももちろん大スキ）。マクドナルドのLサイズ一つでは満足できない体質です。ところが貧乏大学院生にしてみれば、二個買うのにはかなりの勇気と決意を要しました。当時の僕の経済的成功の基準は、お腹いっぱいフライドポテトが食べられることと、割り算しなくても柿ピーを買えるようになることでした。

これに加えて、もうひとつの好物がイチゴミルク（コーヒー牛乳のイチゴ版の乳飲料）でした（これは今では飲まなくなった）。近所には二軒のスーパーマーケットがありました。ひとつは駅前の大型店。こちらは品ぞろえが充実しているけれども値段が高い。少し駅から離れているもう一軒は、小規模で雑然としているが安い。もちろん僕は安いほうの店を使っていました。イチゴミルク一本で二〇円違う。この差は大きい。

イチゴミルクをまとめ買いして店を出たときに、店の前の横断歩道でいきなりクルマにはねられました。数メートル跳ね飛ばされ、気づいたときには病院に向かう救急車の中でした。打撲によるむち打ちが残りましたが、幸い大きな怪我はありませんでした。警察で調書を取られたとき、現場の写真を見せられました。路上にパッケージが潰れて飛散したイチゴミルクが写っています。その光景が何とも物悲しく、駅前のスーパーなら事故にも遭わなかったのに、と情けない気持ちになりました。

これも当時の話ですが、リクルートという会社は気前がイイ、外部の人間にも柔軟に仕事をさせてくれるという評判を聞いた僕は、早速営業に行きました。「大学院生でこういう勉強をしていまして、こういうことができそうなんで、何か仕事をさせていただけませんか」とお願いすると、リクルートの方が「そういうことなら頼みたい仕事もあるので、月額の契約で発注しましょう」と応じてくださいました。提示された金額は、月一〇万円を超えていました。

大喜びでリクルートの本社を出て駅に向かいました。そこで唐突に絶対悲観主義が頭をよぎり、「そんなにうまい話はない。これはもしかしたら夢なのでは」という気がしました。当時は携帯がないので、いただいた名刺にある番号に公衆電話から電話をかけて、「今さっき伺った者ですが、毎月お金をくれるという、あれは本当の話でしょうか」と確認を入れました。確かに現実でした。何としてでも先さまが満足する仕事をして、このチャンスをものにしなければならない——興奮した僕は、駅前のマクドナルドで躊躇《ちゅうちょ》なくMサイズのフライドポテトを二つ買い、コークで祝杯を挙げました（Lサイズ二つはさすがに躊躇した）。お金はないよりはあったほうがいい。ただし、「幸福の条件」章でもお話ししたように、お金がもたらす効用は単調増加関数ではありません。いずれ限界効用が逓減する。あるラインまではお金があったほうが選択肢が増え、豊かさを実感できます。しかし、一定のラインを超えた先は、お金が増えても体感幸福値はそれほど上昇しません。

満足度にキャップがかかる水準は人によって異なります。フライドポテトがお腹いっぱい食べられればイイと言う人もいれば、ステーキじゃなきゃ駄目だと言う人もいる。上等なTボーンステーキにシャンパンつけてくれ、と言う人もいるでしょう。貧乏学生を長くやったからか、僕はわりと低い水準でキャップがかかるほうです。今ではおかげさまでフライドポテトのLサイズを躊躇なく三個は買えるようになりました。一気に食べるととても豊かで幸せな気分になります（その後若干気持ち悪くなるのが難点）。いずれにしろ、限界効用が逓減する水準が違うだけで、みんな相似形の曲線上を生きているわけです。

お金の持ち方・使い方

僕は人を見るときは行為主義の立場を取ります。意見や主張はいろいろあるにせよ、結局のところその人が実際に何をして、何をしていないか。これがその人の本当を表している。

ようするに「スタイル」です。スタイルは外部から観察できます。人を理解するときは、その人の意見とか主張以上に、スタイルを重視します。

僕の大スキな話に、岡本太郎の竹山道雄批判があります。『ビルマの竪琴』の作者としても有名な竹山道雄は、『昭和の精神史』などの著作を持ち、戦後の論壇で重きをなしていた評論家です。一九五四年に出版された『古都遍歴—奈良』という本の中で、竹山は戦後の日本の景観を批判しています。奈良の斑鳩の里からバスに乗って終点で降り、乗り継ぐまで散策しながら鉄道の駅前に出て町並みを眺めると、戦後復興で昔の風景がすっかりなくなっている。派手な色のブリキの看板を立てたパチンコ屋の前でチンドン屋が大きな音を出している。駅前の光景は惨憺たるもので、乱れた世の中になったものだ——。

これを読んだ岡本太郎は竹山を猛然と批判します。そんなことを言っているお前はどうだ。自分の姿を見てみろ。近代工業の産物であるバスに乗り、似合いもしない背広を着て古都の変貌を嘆いている。それこそ惨憺たる駅前の風景が似合う風体ではないか——痛快極まりない話で、ここに岡本太郎のスタイル主義がよく表れています。

お金に関していえば、稼ぎ方よりも持ち方や使い方にその人の価値観がよく表れると思います。「本棚を見ればその人がわかる」「何を食べているかであなたという人間がわかる」と言いますが、お金の使い方にもその人の中身がはっきりと出る。もし、いろいろな人のお金の使い方がわかれば、よほど人間理解に役立つでしょう。ただ、この章の最初にお話ししたように、お金の話はあまり前面には出てこないので、現実にはあまりよくわかりません。だから「プレジデント」がよく読まれているわけです。

僕は投資とか資産運用には特段の関心がありません。第一に、面倒だからです。株価や円ドルレートを考えながら生活したくありません。第二に、ケチだからです。それなりに汗水たらして稼いだお金がいきなり減ってしまう（可能性がある）のがイヤ。しかも、お金の性質からして、損金が出るとこれでお鮨何回行けたのかな……と思ってしまう。精神的にも不健康です。第三にして最大の理由は、もちろん絶対悲観主義にあります。世の中にそんなにうまい話はない。「一獲千金」や「一発大逆転」は絶対に信じません。それどころか、ある企業の株を買ったが最後、そこからどんどん株価が下がるような気がします。宝くじを買ったこともないし、ギャンブルも一切興味がありません。競馬を観るのは好きですが、馬券は買いません。そんな僕でも、二社の未公開株を持っています。これは経営者がやろうとしていることに賛同したからです。スカッとゼロになってもイイと割り切っています。スタートアップへの投資は絶対悲観主義者に向いているかもしれません。

そういう僕にとっても、ゼロ金利が長く続くこの時代、さすがに銀行預金は非合理です。僕の資産運用の基本方針は「低コスト」「長期」「分散」「放置」です。僕には知識も能力もないので、自分では判断しません。使わないお金は信託銀行の口座に入れて、「運用管理報酬を引いた後で一％でもリターンが出れば御の字」という保守的な方針だけを伝えて、あとは運用担当者に任せています。絶対悲観主義者にしてみれば、個別株はもちろん、投資信託であっても株式はリスクが高過ぎます。ポートフォリオの大半は社債になっています。

このような僕の考え方は理論的にも裏づけられています。ノーベル賞を取ったユージン・ファーマ先生（シカゴ大学のファイナンス科学者）が実証した「効率的市場仮説」がそれです。市場というのは効率的であり、市場価格にはすべての情報が集約されている。つまり、市場にミスプライシングはない。ということは、アクティブな投資は長期的にはペイしないということです。今は割安で評価されてるから買おうとか、割高で評価されてるから売ろうというのは、そもそも市場にミスプライシングがあるという前提での行動です。市場が十分に効率的であれば、単純に市場全体を買って放置しておくに若《し》くはなし。マーケット全体が緩やかではあるけれども成長していけば、長期的には預金よりは合理的です。

ファーマ先生と対話する機会があったときに、面白い話を聞きました。先生の講義は高度な数理を駆使した非常にタフなもので、学生はヒイヒイ言いながら勉強する。挙句の果ての結論は「アクティブな投資判断は長期的にはマーケットをアウトパフォームできない」――「そんなこと言ったら、僕たちはウォールストリートで仕事ができなくなるじゃないですか」と言う学生に対して、先生は「その通り。でもそれが真実なんだから仕方ないよ」と答えているとのことでした。

僕の先輩に創薬ベンチャーの起業家の所《ところ》源亮《げんすけ》さんという面白い人がいます。有望な研究をしている大学の研究者を見つけてきて、「資金を調達してきますからうちと組んでその研究を市場化しませんか」と口説くところから仕事が始まります。このときに所さんは、その研究者とうまく組めるかどうかを見極めるテストをするそうです。その人物に自分の欲しいものを全部リストアップしてもらう。それぞれがいくらかかるかを大雑把に算出して、合計額を出してもらう。

欲しいものを全部書き出しても一〇〇〇万円にもならないような人がいます。所さんはそういう研究者とは組まない。「そんな欲がない人とビジネスができるか」ということです。一方で、ヨットが欲しくて、豪邸が欲しくて、クルマが欲しくて、さらにはF1のチームも作りたくて、欲しいもののリストの総額が一〇〇億円を超えるような人もいる。こういう人とも「絶対に組まない。そんな強欲なやつとビジネスはできない」。所さんは総額で一〇億円を基準にしているそうです。理由を聞くと、「お前さあ、一〇億円以上カネを持っていて、幸せなやつ見たことある？」――これはこれで一面の真実という気もします。

いろいろ問題はあるにせよ、市場での競争メカニズムが優れているのは、それが消費者にとって絶対に得だからです。競争があれば、価格や品質は消費者にとって必ず得をする方向に改善されていく。ユニクロ、無印良品、サイゼリヤ、ニトリといった企業から僕は消費者として大きな恩恵を受けています。今僕が着ている服は全部ユニクロです。Tシャツ、ジーンズからパンツや靴下まで入れて総額六八九〇円ですが、大いに満足しています。

これは僕の価値観を反映しています。僕にとってユニクロ生活はある種のラグジュアリーです。価格が手頃で品質が良い。プレーンでベーシックでシンプルな服装で、普段の生活が快適になる。コストパフォーマンスが良いだけでなく、精神的に豊かな気分がします。

自分自身の価値基準がないと、外在的な基準にもたれかかるようになります。その最たるものがお金です。一万円のお鮨は五〇〇〇円のお鮨の倍おいしいはずだということになってしまう。こうなるとキリがありません。

エイジングの良いところのひとつに、物欲がなくなってくるということがあります。耐久消費財などをひと通り持っているということもありますが、それ以上に、年を取るにつれて自分なりの価値基準が固まってくるからです。自分が満足できる物さえあれば、他は気にならない。どんどんラクになってきます。

広大なリビングルームに寝室がいくつもあるような豪邸に住みたいとは思いません。タダであげると言われても断ります。謙虚とか質素ではなく、自分の価値基準に合わないからです。ただ、「すぐに売ってもイイよ」と言われたら、やっぱりもらうかもしれない。ここがお金のやっかいなところです。

時間という平等な資源

僕は競争戦略という分野で仕事をしていますが、その始祖に当たるのがハーバード大学教授のマイケル・ポーターさんです。ポーターさんと同僚のニティン・ノーリアさんが「CEOの時間の使い方」について突っ込んだ調査をしています。アメリカの大企業の二七人のCEOの時間の使い方を延べ六万時間分調査し、そこでわかったことを報告しています。

一定の分散はあるのですが、平均値で見ると、平日の業務時間は大体一〇時間ぐらい。業務時間の七二％は会議に費やされています。全仕事時間のうち七五％は予定が組み込まれていて、自分の自由にはならない。七九％の人が土日も何らかの仕事をしている。週末に仕事をする時間は平均して四時間です。家に帰ると、二時間ぐらいは私的な時間がある。テレビを見るとか読書とか趣味に当てています。平均睡眠時間は六・九時間となっています。

この調査結果を見たときの僕の感想は「ま、そうだろうな……」というものでした。特に驚きはありません。一日に一〇時間働いて、二時間家でテレビを見ていたりして、七時間眠っている。まずまずフツーです。CEOの仕事はフツーの人と比べてはるかに激務とはいえ、大まかなカテゴリーで分けたときの時間の使い方にはそれほど変わりはない。

これが時間という資源の面白いところです。三日に一日しか寝ないという人はまずいません。そもそも時間の性質からして、びっくりするような話は出てきようがない。ここに時間とお金の違いがあります。大企業のＣＥＯは特別な人々です。この人たちのお金の使い方を調査したら、驚くようなことが出てくるかもしれない。会食も多いでしょうから、普段食べているものを調査すれば、普通の人とは相当に違うはずです。本棚を見ても、普通の人とは違うかもしれない。

ようするに、時間は平等な資源だということです。一日の時間は誰しも二四時間。動かしようがない。お金となると、「私の小遣いは月に五万円です」と言う人がいれば、「僕は五〇〇〇万円ですが」と言う人もいるかもしれない。「五〇〇円しかない」と言う中学生もいます。

お金と違って時間には貯蔵性がありません。買うこともできません。「お金で時間を買う」という表現がありますが、せいぜい目的地への移動にヘリコプターをチャーターする程度の話です。一日を三六時間や四八時間にしてくれるサービスはどこにも売っていません。

もうひとつ、時間という資源の特殊性は、供給がタダということにあります。一日当たりの供給量は二四時間に固定されていますが、調達コストはゼロです。生きているだけで、必ず一日二四時間が公平に支給されます。時間という資源の使い方が誰にとっても関心事になるゆえんです。

ルーティンの錬成

仕事や睡眠の活動ごとに使っている時間には大きな差はなくても、人それぞれの時間の使い方を具体的に見ていくと、実際のところ何時から何時まで何をどういう順番でどのようにやっているのかには相当な違いがあるはずです。このルーティンという意味での時間の使い方は、お金の使い方と同様にその人の本質を浮き彫りにするものだと思います。

僕が長くお手伝いをしているファーストリテイリングの柳井正さんのルーティンはユニークです。早朝に出社し、過密なスケジュールで次から次へと仕事をし、午後四時にはさっと帰ってしまう。単に仕事場を出るだけではなく、本当にご自宅にお帰りになります。

ある日のこと、僕がファーストリテイリングでの仕事を終えて、四時ぐらいにオフィスを出るとき、駐車場でお帰りになる柳井さんとたまたま一緒になりました。「ところで、毎日夕方にお帰りになって、ご自宅では何をなさっているんですか」と聞いてみましたところ、「僕の歳になって、朝早くから四時まで集中して働いた後、家に帰ってすることといったら休むこと以外に何があるんですか」。

柳井さんはアスリートのような経営者です。会社の経営と事業の成功に全精力を投入する。だからこそきちんと休息をとる。使っている時間の量で比べれば、CEO調査の平均値とそれほど変わらないかもしれませんが、柳井さんの仕事へのユニークな構えが見て取れます。

僕のルーティンについて言えば、朝は六時に起きます。起きたらコーヒーを飲みながら新聞をゆっくり読む。で、七時には仕事を始めます。途中で三〇分ほどの昼食休憩を取りますが、調子が乗っているときは昼ご飯を取らずにスルーで仕事をします。四時には業務を終了し、週三回はジムに行きます。時間配分はわりと柳井さんに近いのですが、同じ四時で上がるといってもその中身や重みや意味合いはまるで違います。だらだらと考えたり読んだり書いたりの緩い仕事です。

家に戻ってご飯を食べて、九時半にはベッドに入る。ほとんど小学生のような生活です。ベッドでしばらく本を読んだりしますが、遅くとも一一時前には眠ります。この歳になると五時には起きてしまいます。そこからもうひと踏ん張りして六時まで寝る。これをひたすら繰り返す。このリズムをきちんとキープしていないと、仕事のパフォーマンスがあからさまに低下します。

時間配分以外のルーティンとしては、同じ種目をまとめてやるようにしています。勉強したり、何かを読んだり、調べ物をするときは、少なくとも半日を空けて、集中してインプットします。今日は書くぞというときは、その日をアウトプットの日と決めて、他の用事をなるべく入れず、書くことに集中します。打ち合わせとか取材とかの人と会う仕事も、できるだけ週の特定の一日にまとめて、そこにギチギチに入れていく。一日に異なった種目をミックスさせないほうが調子が出ることに気づき、定着したルーティンです。僕にとっての仕事生活の醍醐味は、こうしたルーティンの錬成にあります。

僕の仕事は典型的な家内制手仕事です。僕は人に仕事を外注するのが下手なので、ほとんどすべてを一人で切り盛りしています。体はひとつですが、事業部制を採用していまして、僕の中に三つの事業部があります（事業部長は全部僕）。ひとつは「教育事業部」で、大学院で講義をするとか、教授会に出るとか、カリキュラムを回していくときのミーティングの仕事がこの事業部に含まれます。二つ目は考えて書く仕事をする「研究事業部」。これが中核事業となっています。三つ目が、ファーストリテイリングもそうですが、いくつかの企業の手伝いをする「会社の仕事事業部」です。時間の使い方としては、この三つの事業部で均等に三分の一ずつがイイということがわかってきました。

この他にも間接部門があります。出張のときにホテルを手配したり飛行機のチケットを予約する総務部。領収書の整理をしたり仕事の請求書を発行する経理部。滅多に出番はありませんが、一応法務部もあります。ただし、部長（僕のこと）に専門知識がなく機能していません。社長から事業部長、部長、平社員まで全部を僕一人でやっているので、人事部は不要です。

僕の時間の使い方はこんな感じですが、ずっと同じルーティンを回しているとどんどん習慣化して、あまり他の手を考えなくなってきます。本当はもっと生産性が上がるようなやり方があるのかもしれませんが、自分一人の人生しか生きていないので、なかなか修正とか改善が起きにくい。

しかも、時間という資源の重要な特徴に「見えない」ということがあります。時間は稀少で大切なものですが、流れていってしまう。「時は金なり」と言いますが、時間と違ってお金には貯蔵性があります。収入と支出を分析して無駄をなくすなど、お金であれば具体的なレベルで改善しやすいのですが、時間はすぐに過去へと流れていくので、ついつい見過ごしてしまう。裏を返せば、みんなもうちょっと時間の使い方を何とかしたいと思っている。だから古今東西「時間管理」が人々の興味関心を惹くのでしょう。かつての手帳術とか、今なら「スケジュール管理はこのアプリで」とか、何十年も前から同じ話を延々と繰り返しているのに、いつまでも需要が枯渇しないのが面白いところです。もちろん「プレジデント」でも時間管理術を指南する特集が頻繁に組まれています（例えば、「脱ダラダラ大全『24時間』最強の使い方 稼ぐ人稼げない人で、『午前と夕方の予定』に大差！」↑お金の話ときっちりと絡めているところがポイント)。

浅井カヨさんという研究者がいます。この人は大正時代の「モダンガール」の文化に強烈な関心を持って独自の方法で研究しています。読んだり聞いたり調べたりするだけでなく、当時の都市部の「モガ」の生活をそのまま実践しているのです。服装はもちろん、家の電話は黒電話で、当然テレビはない。冷蔵庫は氷を入れて冷やすという時代のものを使う（さすがにインターネットはお使いとのこと)。さらに凄いことに、彼女は結婚なさっているのですが、旦那さまが「モダンボーイ」の実践者。モガとモボ、気が合うに決まっています。東京の小平に当時を再現した家を建て、夫婦で生活実践研究をなさっている。こういう人がいるというのは素晴らしいことだと思います。

とあるインタビューで「これだけ実践していらっしゃるわけですから、さぞかし大正時代に生まれたかったでしょうね」と聞かれたときの浅井さんの答えが面白い。「そうでもありません。もし私が大正時代に生まれていたら、江戸時代を研究しているに決まっていますから」――ついつい見過ごしてしまう時間の本質を衝いた話です。

トレードオフの選択

誰にとっても一日は二四時間しかありません。論理的な帰結として、時間ほどはっきりとトレードオフを迫るものはありません。何をするかよりも「何をしないか」を決めておくことが時間管理の要諦です。

柳井正さんの例に戻ると、柳井さんは原則的に仕事絡みの会食はしないと決めているそうです。四時に仕事が終わった後は予定を入れずお家できっちり休息する。何をしないかをはっきりと決めているからこそ、ストイックでアスリート的な生活ができるのだと思います。「何をしないようにしていますか」と聞くほうが、「趣味は何ですか」と聞くよりもその人のことがわかるかもしれません。トレードオフとして、僕が決めているのが、テレビは観ない。お酒が飲めないので「飲みに行く」というのがない。仕事の会食はたまにありますが、できるだけ朝食か昼食にしています。パーティーなどの大人数の集まりには極力出ない。友達が少ないので、私的な社交の食事に出かけるのも月に一回か二回です。休日にゴルフなどのスポーツをすることも絶無。何をしているのかといえば、読書です。これがいちばん楽しい。次に映画と音楽（鑑賞と演奏と歌唱）です。空いている時間はこうした室内文化活動に使っています。

時間がないと言いながら、長々とスマートフォンをいじっている人がいます。考えてみれば、スマートフォンは人類史上最強の暇つぶしの道具です。はっきりとトレードオフを選択し、自分にとっていちばん楽しくて意味があると思うことに集中しないと、ゲームやSNSの「暇つぶし」に明け暮れることになります。

時間配分で難しいのが、メールに代表されるオンラインのコミュニケーションです。ポーター先生の時間の使い方の調査でも、メールとのつきあい方が重要な論点として出てきています。CEOのところには、毎日大量のメールが送られてきます。だからといって、判断を伴うようなメールへの返事は秘書任せにはできません。どうしても時間を取られます。

ある人が「アナログの日」を決めておくべしと提案しています。アナログの日を一日おきに設定する。アナログの日には、メールを含めた電子的なコミュニケーションは一切しない。メールの返事は翌日にまとめてやる。これはいいソリューションかもしれないと早速実践してみました。ところが、アナログの日の翌日にメールを開くと、「早く返事をくれ」とか「あれどうなっているんだ」という催促のメールが溜まっています。現代社会が即レス前提で動いていることに改めて気づかされました。

一度流れてしまった時間は取り戻せません。お金と違って、返済や弁償が利きません。僕が心底尊敬している高峰秀子さんは、五歳の子役時代から五五歳までの五〇年間、何百本と出た映画の仕事で時間に遅れたことが一度もないそうです。大スターなのに、約束に間に合うよりもずっと早く家を出る。しかも運転手さんには「霊柩車みたいに、ゆっくりと走ってください」と言っていたそうです。そういう心境とリズムで仕事ができるようになりたいものです。

原稿は締め切りよりも早めに仕上げておき、一日ぐらい寝かしてから直前にもう一度チェックしてから送るようにしています。しばしば約束の時間や締め切りを破る人がいますが、「私は嘘つきです」「私は泥棒です」と公言しているに等しい。受ける以上は締め切りを守る。締め切りが守れないような仕事は受けてはいけない。断るのも能力のうち。これもまた重要なトレードオフです。

例外は本の執筆です。新聞や雑誌やオンラインメディアへの寄稿の場合はもちろん締め切りがありますし、それを守るのですが、本を書くときは事前に締め切りの約束をしないことを条件にしています。締め切りを約束する必要がある本の仕事は受けません。「そうは言っても、大体いつ頃仕上がるのか」と聞かれた場合は「機が熟したとき」——出版社の方には申し訳ないんですが、そうとしか言いようがない。まとまったものを書くときは、じっくりと腰を据えて取り組みます。

講演やセミナーの仕事の依頼については、僕は日時と場所が確定するまでスケジュールを入れないようにしています。「この日空いてますか」と聞かれて「はい、空いてます」と答えると、「でしたらそこで実施するか検討するので、仮押さえしておいてください」と言われることがあります。たとえ「仮」で押さえるにしても、それは動かしがたい制約になります。「日時と場所が確定したらブロックします。それまでに別の案件が入ったらそちらを優先しますけれども、それでもよろしいですか」と必ず確認を取ります。

一度決まったはずの話でも、「こちらの都合で大変申し訳ありませんが、あの件はキャンセルさせてください」ということがあります。こういうとき、僕はきちんと文句を言うことにしています。「すぐに謝りに伺いたい」と言うので「いいえ、結構です」とお断りすると、「それでは後日上司と伺いたいので、ご都合のいい時間をとりあえず仮押さえさせてください」――これには大笑いしました。

第5章　自己認識

自己と他者の認識ギャップ

人を観察していると、そもそも自分に興味がある人とない人に分かれます。世の中には自己について実に恬淡《てんたん》としている人がいるものです。いわゆる偉人にはそういう人が多いように思います。道徳や規律でそうなっているのではなく、自然と自己を超越した公の気持ちを持っている。ようするに、人間の器が大きい。

そういう立派な人を尊敬するのですが、僕のような凡人は、せいぜい自分に興味を持つほうがイイ。どうせ一生自分として生きるということは決まっているわけで、死ぬまで自分以外にはなれません。自分に興味を持ち、腰を据えて自分と向き合う。自分以上に自分に興味関心を持ってくれる人はいません。

昔のことですが、仕事の成り行きで、わりと世間に指弾される事態が起きました。どうしたものかと困惑していると、ある人が「傲慢にも程がある。まったく思い悩む必要はない。お前のことなんか、誰も関心ないんだから」とばっさり切り捨ててくれました。みんなそれぞれに自分の生活を生きている。考えてみれば、僕の滑った転んだをいちいち気にしている人などいるわけもありません。実にありがたいアドバイスでした。

その一方で、自分のことは自分ではわからないものです。特に仕事においてはそうです。「絶対悲観主義」の章でもお話しした通り、自分のためにするのが「趣味」、人のためにするのが「仕事」です。釣りは趣味ですが、漁師は仕事――同じ魚を獲るのでも、意味がまったく異なります。お客さんが評価して初めて仕事になる。自己評価にはほとんど意味がありません。

自己認識と他者（による）認識にはギャップがあるのが普通です。仕事の結果はいろいろな人から間接・直接の評価にさらされます。自己評価には意味がないにせよ、自己認識がないと、他者認識とのギャップがわからなくなる。このギャップを直視することによってさまざまな自己発見がもたらされます。

いろいろな漫才師が集まって討論しているのをYouTubeで興味深く視聴しました。テーマは「このツッコミがすごい」。実力と人気のある漫才師たちが集まり、それぞれに自分がいちばんすごいと思うツッコミ芸はこれだというのを発表し、映像を見ながらどこがすごいのかという解説をする。自分のツッコミ芸が選ばれた漫才師は喜んでいましたが、それ以上に選出理由の解説に大きな気づきを得たことに感謝していました。人のことはとやかく言わないのがプロの世界です。仕事で一緒になることも多いであろう漫才師の間でも、普段はそういう話をする機会があまりないそうです。出演者は口々に「この議論はホントに面白い」「この話だけで一晩中酒が飲める」と言っていました。自己と他者の認識ギャップは、当人にとって発見が多いものです。

自分の経験で言いますと、淺羽茂さん（早稲田大学ビジネススクール教授）という同業の先輩がいらっしゃいます。二〇年ほど前の、学会の懇親会での話です。大学の学生食堂に集まり、紙コップで乾杯し、冷えた鶏のから揚げとかを食べながら雑談するという場です。

そこで淺羽さんから声をかけられました。「今日の発表、面白かったよ。楠木さんは書くより話すほうがずっと面白いね」。当時の僕の文章、特に学術雑誌の論文で書いていた文章は、普通の論文のそれよりもさらに硬質な文章でした。発表でしゃべる芸風は今と変わらないのですが、文章に関しては「硬いことこそ論文の心意気だ」と勝手に思い込んでいました。

淺羽さんの意見を聞いて、考えが変わりました。仕事である以上、論文や本の文章はお客さまにとってわかりやすく、面白いものでなければ意味がない——このときから、話すように書くというスタイルに徐々に変わっていきました。そのうちに僕なりの文体が固まりました。「経営や競争戦略には関心はないけれども、文章として面白かった」という嬉しい読者の感想がたまに届くようになりました。

野球選手であれば、肩の強さや脚の速さが基礎能力として重要になります。学者の仕事は、基本的に書いたもので自分の考えを伝えていくということです。野球選手の肩や脚と同じぐらい文章が大切になるはずです。文章を書く力は僕の仕事の根本です。ほんの一五秒ぐらいの会話でしたが、あの不味いから揚げを食べながら言ってくれた浅羽さんの一言がなかったら、その後の僕の仕事はなかったかもしれません。

ターゲット顧客の声を聞く

他者の自分に対する認識を受け止めるときに、どういう「他者」に向き合うのかは重要な問題です。ターゲットを意識しておかないと、不特定多数の意味のない声に引きずられて、振り回されるだけになってしまいます。

ビジネススクールで教えるようになって二〇年以上が過ぎました。講義というのは芸事に似た面があります。経験を重ねていかないとなかなかうまくなりません。ビジネススクールに移る以前の八年間は学部生に対して講義をしていました。三五歳でビジネススクールに異動し、日本語から英語での講義に変わりました。学生の多くは実務経験のある外国人です。かなり勝手が違う。自分の担当する科目の講義が終わるたびに、学生からの評価を受けます。当然のことながら、講義評価の点数は低迷しました。そこから学生に満足してもらえる講義ができるようになるまでに一〇年以上かかりました。

定量的なスコアに加えて記述式の定性的な評価も受けます。この先生はここが足りないとか、講義のこういうところが良くないとか、いろいろなコメントをもらいます。「もっと多くの事例を使って説明してくれないと、具体性に欠ける」と言う人がいれば、「いや、もっと理論的なこととか抽象度を上げて説明してくれないと、実務の経験を持っているわれわれが勉強している意味がない」と言う人もいる。同じ人間が同じ講義を行っているのに、正反対の評価が出てきます。どの声を聞いて、どの声は聞かないのか。取捨選択が必要になります。

これが本の出版となると、不特定多数の読者を相手にするわけで、いよいよ取捨選択が不可欠になります。本を出すたびにお叱りを受けます。これは仕方がないことです。全員から受け入れられるということはあり得ません。ネット上で罵倒されることもしばしばです。そのうち、罵倒されるのが面白くなってきました。被虐趣味ではありません。「あ、こういう人からちゃんと嫌われている」という確認ができる。これが仕事にとても役に立ちます。

ある本を出したとき、ツイッターでこういう怒りの声が届きました。「もうクソ本だから、途中で読むのをやめようと思い、P171で読むのをやめた」。お怒りの割には一七一ページまで読んでいただいてありがたいのですが、それ以上に嬉しかったのは、この方が

「人生の近道」という意味のアカウント名を使っていたということです（実際のアカウント名は控えます）。戦略にしても経営にしても仕事にしても、「近道」を意図するとロクなことにはならない。すぐに役立つものほどすぐに役立たなくなる、というのが年来の僕の主張です。「人生の近道」氏にきちんと嫌われているという発見は仕事の励みになりました。

サーブ権はこちらにある

僕がわりと本質的だと思っている思考様式の分類に「アウトサイドイン」か「インサイドアウト」かというのがあります。環境動向や今後の見通しをできる限りすべて知っておいて、そのうえで「良いもの」を選択しよう。これがアウトサイドインです。一方のインサイドアウトは、「ま、これじゃないの」という直感が先にあって、その後で外部に目を向けます。マーケットインかプロダクトアウトかという対比に近い。マーケットインは、世の中のマーケットがどうなっているのかを見て、それに対応しようという考え方です。プロダクトアウトは、これがイイんじゃないのっていうものをまず出してみて、マーケットの反応を見る。

ようするに順番の問題です。いずれにせよ、お客さまに買ってもらわなければ商売にならない。プロダクトアウトでもマーケットは大切です。テニスに例えれば、商売はプロダクトとマーケットのラリーのようなものです。ただし、サーブ権がどちらにあるのか、これが大きい。一般的な優劣の問題ではないのですが、絶対悲観主義の僕はインサイドアウトを選好します。

結果的にうまくいかなくてもイイと割り切って、まずは自分が面白いと思うものを書く。自分で面白くないものは世の中に出さない。ビジネス書の業界にはそのときどきの需要曲線みたいなものがあって、その曲線上に「こういう本作りませんか」という提案を出版社の方からしばしばいただきます。こういうオファーは基本的に受けないようにしています。僕の意思と無関係に、向こうが打ってくるサーブだからです。

自分の側からまずサーブを打つべきだというのが僕の考えです。自分の仕事についての他者の受け止め方なりニーズを知ることは大切です。しかし、だからといってアウトサイドインに振り切ってしまうと、相手に合わせて「うまくやろう」という気持ちが先だって、思いっきり打てません。ここでものを言うのが絶対悲観主義です。どっちにしろ、すぐにうまくいくことはありません。だとしたら、自分がまずは好きなサーブを打つことから始めるのに越したことはありません。みうらじゅん氏の言う「でも、やるんだよ」の精神です。「ま、うまくいかないだろうけど……」という気持ちで、まずは思いっきりサーブを打つようにしています。

自己認識に近道なし(回り道もなし)

世の中にはさまざまな自己診断のツールが溢れています。例えば、「ストレングス・ファインダー」。いろいろな質問に答えていくと、その人の隠れた才能なり強みを見つけてくれるという触れ込みで、就職とか転職の際に利用する人が多いと聞きます。

つくづく不思議なのですが、この手のツールを使った人は、しばしば「すごい！　当たってる！」と言います。「当たってる」と言うからには、やる前から自分のことをわかっているわけです。つまり、見つけた（ファインダー）ではなく、うすうす気づいていることを確認した（コンファーマー）だけです。

こういう診断ツールでは、その人の本質的な強みが、前もって類型化されています。その中から自分のタイプに近いものを選ぶわけで、即席の自己認識でしかありません。自己認識に近道はありません。もっと自分の頭で、ゆっくりと経験を積みながら、徐々に自己認識を熟成していくほうがイイ。

パーソナルコーディネーターという仕事があります。その人の容姿とか性格とかＴＰＯとか仕事にあった服装をコーディネートしてくれる。芸能人のような特殊な仕事をしている人を別にすれば、パーソナルコーディネーターを雇うのは服に興味がない人だけでしょう。

「今度の集まりには、どういう服を着て行こうか」と考える。「こういう服を買いたいから、週末にちょっと見に行くかな」と買い物に出かける。服に興味関心がある人にとっては、服装を選ぶプロセス自体に価値があるわけで、それを丸ごと人に任せてしまうのはそもそも関心がないということです。自己認識を診断ツールに頼るのは、ありていに言って、自分に関心がない。もっと自分と向き合い、自分を大切にしたほうがいいと思います。

自己認識をツールや専門家に頼ると、わかったつもりの浅薄な自己認識で終わってしまいます。自分を過大評価したり、逆に過小評価して自信を失ってしまいがちです。自分の経験と自分の頭で、自己認識を深めていく。日々の経験のすべてが自己認識の材料を提供していきます。近道はないが、回り道もない。お客とのラリーの中で自己認識を深めていくプロセスこそが重要です。そこに仕事生活の核心があります。

第6章 チーム力

深夜の海老名サービスエリア

はじめにお断りをしておきます。チームの力を考えるうえで、僕には強いバイアスがかかっています。チームワークが大の苦手。人と一緒に何かをやるというのがとにかくダメ。もしチームでやるのであれば、メンバー全員自分がイイ。天地真理は「ひとりじゃないってー、すてきなことねー」と朗らかに歌っていましたが、僕にしてみれば「ひとりじゃないって、キビシイことね……」です。

中学や高校の頃は、運動会とか文化祭がダメでした。アタマではわかるのですが、カラダがついていかない。みんなで「イエーイ」って盛り上がるだけで、気持ち悪くなる。運動会の日は、最初の競技が済んだくらいのところで、もういなくなっちゃう。学校から十分に社会的距離をとった公園に退避。当時はスマートフォンのような暇つぶしの利器がなかったので、かっぱえびせんを食べながらベンチで本を読んでいました。で、そろそろ競技が終わって、「結果発表、紅組の勝ち！」とか盛り上がっている頃に、公園から戻ってしれっと紛れ込む。そういうことをしていました。

今でも鮮烈に覚えている大学時代の経験があります。伊豆で何かの合宿がありました。夜になると飲み会です。みんな大いに盛り上がる。僕はお酒も飲めませんし、周囲が盛り上がるほどイヤな感じになってきました。で、例によって離脱ルーティンを発動。自分のクルマで行っていたので、夜の一〇時過ぎに宿を出て、一人で東名高速に乗りました。

途中で海老名のサービスエリアにピットイン。深夜までやっているドーナッツ屋がありました。大スキなフレンチクルーラーを買って、コーヒーを飲みながら休憩。深夜のサービスエリアにはほとんど誰もいません。すると、突如として圧倒的な多幸感が押し寄せてきました。今でもはっきりと覚えています。集団から解放された孤独と静謐に体全体が痺れるような幸せを感じました。あの海老名でドーナッツを食べた夜に感じた以上の多幸感を、僕はその後の人生で一度も味わったことがありません。その程度の人生だといえばそれまでですが、「ひとりでいるって、すてきなことね」が身に沁みました。

僕が大学を卒業したのは昭和末期、一九八〇年代の後半（一九八七年）です。「さあ、これからバブルですよー。用意はいいですかー」（その時は「バブル」という言葉はまだなかったが）という時代でした。周囲の友達は「三井物産に行きたい」とか、「三菱銀行が第一志望」と言う人ばかり。みんなヤル気満々です。僕にしてみれば、そういうところに就職すると「毎日が運動会」「毎日が合宿」になってしまうのではないかという恐れがありました。なるべく一人で仕事ができる。上司も部下もいない。周りに迷惑をかけることなく好きなように仕事ができる——そういう職業はないものか。若い頃の僕は真剣に考えました。大学で研究するがイイのでは、という直観だけで今の職業を選択しました。

組織には所属していますが、この歳になっても人を使って何かをするということがまるでできない。スタッフに仕事をお願いするときも「好きなようにしてください」——マネジャーとしての資質や能力が根本的に欠如しています。二〇年ほど前のことですが、大学のとある研究プロジェクトのまとめ役としてチームを取りまとめる役目が回ってきたときは、辛くて仕方がありませんでした。以来、大学の経営や運営の役職からは一貫して距離を置き、ヒラの一兵卒に徹しています。

ということで、僕には組織力やチーム力を語る資格がありません。ただ、裏を返すと、チームワークに向いてない僕でも参加したいと思えるようなチーム、これが最高のチームだという気がします（ちょっと違うかな?）。そういう前提で以下の話を聞いていただければ幸いです。

組織力からチーム力へ

まず確認しておきたいのは、組織とチームの違いです。組織とは、ある構造を持って安定的に存在する人間の集団であり、ある種のシステムを意味しています。一方のチームは組織の部分集合です。組織という器の中で、チームという単位が実際に日々の仕事を動かしている。チームは「現場」です。現場ごとにチームがあります。

組織には特定少数の設計者がいます。部門を機能で分けるのか、製品別に分けるのか。どのような分業の体系を構築するのか。どのような報酬体系にするのか。組織の階層をいくつにするのか。どこまで部下に任せるのか。こうしたことについて誰かがシステムを設計し、その結果生まれた安定的な構造のことを組織と言っているわけです。この会社はフラットだとか官僚的だとか、分権的だとか集権的だとか、その手の話はシステムの構造上の特徴を問題にしています。

これに対して、チームの定義は「お互いの相互依存関係を理解し合っている人間の集団」です。この定義からして、チームには規模の上限があります。一〇〇〇人のチームというのはあり得ません。お互いの顔が見えないのはもちろん、そこにある相互依存関係を認識できないからです。

マネジメントによって設計されるシステムの性能が組織力であるのに対して、チーム力は現場の相互作用の中から湧き上がってくるものです。一つの組織の中に優れたチームもあれば、どうもうまくいかないチームもある。組織として優れていても、中には最悪のチームがある。システム設計がユルユルな組織でも、最高の力を発揮するチームが出てくることがあります。ようするに、組織とチームは論理的には別モノです。

組織力とチーム力の掛け算でパフォーマンスは決まります。パフォーマンスの規定因として、かつては組織力のほうが大きかった。ところが、今はどんどんチーム力のほうにシフトしている。両方の掛け算であることに変わりはありませんが、チームの力がよりパフォーマンスを左右するようになりつつあるというのが僕の認識です。これは今後とも変わらない大きなトレンドだと思います。

その理由は次の三つです。第一に、情報技術の発達。かつては、適切なレポーティングライン（指揮命令系統）の設計がオペレーションのカギでした。しかし、現在では情報システムやコミュニケーションツールを駆使して、容易に情報の伝達や共有ができるようになっています。つまり、情報技術が組織構造の受け持っていた機能を代替している。その結果、組織構造の優劣では差がつかなくなり、チーム力の強さがパフォーマンスを左右するという成り行きです。

第二に、仕事の中身の変化です。昔の単純な製造業などでは、組織構造の良し悪しがもろに結果に出ました。ところが、今のようにソフトなサービス業が増えてくると、仕事の中身や分業が不定形になってきます。こうなると、組織設計の良し悪しよりも、現場の人々のチーム力がものを言うようになります。

第三は、世の中の変化のスピードが増しているということ。組織構造というのは定義からして安定的なものです。ころころと変わっていては、もはや「構造」ではありません。これに対して、チームのレベルでは、状況に合わせて機動的、柔軟に動き方を変えることができます。変化が激しくなるほど、組織力よりもチーム力が問われることになります。

大会戦から縦隊戦へ

この成り行きは、戦争での部隊編成の歴史的変化と相似形にあるように思います。昔の戦争は、大規模な戦力を準備して陣形を事前に整え、互いに対峙する「会戦」方式を採っていました。会戦は横に広がる横隊編成となります。横に広がった会戦は、戦局の変化に応じて戦争指揮をするのが難しい。ですから、まさに組織全体の構造なり戦い方を決定する総大将、織田信長とか、フリードリヒ大王とか、そういう全体の総覧者の力量が決定的に重要でした。

ベトナム戦争の悲劇を鮮烈に描いた映画に『プラトーン』があります。プラトーンというのは小隊のことです。近代戦では小規模の縦隊でそれぞれが一定の自由度をもって動きます。横隊陣形の会戦から小規模の縦隊戦へという変化は、かつては組織力の勝負だったものが、どんどん小隊のチーム力の勝負にシフトしていく過程としてとらえることができます。

ここで興味深い問いは、なぜ昔はわざわざ指揮や運用が難しい横隊編成をとっていたのかということです。旧日本陸軍の参謀であった石原莞爾《かんじ》は著書の『戦争史大観』で実に面白い結論を導いています。

トランシーバーがないといった当時の情報通信技術の限界もあったのでしょうが、横隊陣形をとっていた最大の理由は、戦力の大部分が傭兵だったという事実にあります。実際の現場で戦っているのは、カネで雇われているプロの戦争屋でした。会戦ではチャンチャンバラバラやるのですが、実際のところ双方にあまり死者は出ません。なぜかというと、お互い「受注業務」としてやっているからです。「ま、この辺でイイかな」という落としどころがある。何より当の王様にとっても、そう簡単に死んでもらっては困る。傭兵がもっとも調達が難しく、コストが高い戦争資源だったからです。

なぜ傭兵だと横隊編成が必要になるのか。理由は単純で、王様が全隊をモニターしていないと、連中が本気で仕事をしないからです。ちょっと目を離している隙に、仕事を放棄して逃げてしまう。指揮官が全隊を見渡せる横隊編成が不可欠でした。

世界で初めて小規模縦隊戦を展開したのは、ナポレオンです。なぜ縦隊編成が可能になったのか。それはかつての王様が横隊による会戦をせざるを得なかった理由の裏返しです。ナポレオンの軍隊で戦うのは傭兵ではなく国民軍でした。国家のためにと集結した彼らは真剣に戦う。逃げない。だからモニターする必要がない。指揮をするのが難しい横隊に代わって、小規模な縦隊戦が初めて可能になりました。戦争における「チーム」の誕生です。

ナポレオンの縦隊戦は圧倒的に強かった。疾風怒濤の進撃で、連戦連勝でした。横に広がって待ち受けていた敵の王様の軍隊は、機動的な縦隊にずたずたに切り裂かれました。戦闘力の規定因が組織力からチーム力へと移っていったわけです。

ビジネスと戦争を同列には語れませんが、今日ではますます優れたチームが必要になってきています。フォーマルな組織構造上のリーダーができることは限られています。チームに権限が委譲され、チームが自律的に動いて成果を出す。現場で仕事を動かすチームの力、とりわけチームリーダーの力がパフォーマンスを大きく左右する。チーム力がものを言う時代になっているということです。

『大脱走』に見る理想のチーム

はじめに言ったように、チームワークが苦手な僕でも入りたくなるチーム、これは相当に優れたチームだと思います。一般的な特徴を列挙してもなかなか伝わらないので、僕の考える優れたチームの条件が全部詰まっている例で説明します。

それは一九六三年の『大脱走』という映画に出てくる脱走チームです。舞台は第二次世界大戦下の捕虜収容所。連合国の兵隊がドイツ軍の捕虜にされています。ドイツ軍の中でもっとも厳重に造られている捕虜収容所から、捕虜たちが脱走計画を作って、逃げ出す。私見では、この脱走チームこそ最高のチームです。

タスクが捕虜収容所からの脱走という生死に関わることなので当たり前なのですが、第一に、目的が明確に共有されている。脱走するという極めて明確な目的があり、しかもその目的は、チームのメンバーにとって等しく重要な意義を持っています。

第二に、強力なリーダーの存在。「ビッグX」と呼ばれるリーダーが集団脱走の計画立案を集中的に担います。筋金入りの将校で、強烈なリーダーシップの持ち主です。ただ一人の強いリーダーがいるということがポイントです。戦略の実行は全員が力を合わせてやるにしても、大きな構想に基づいた戦略指揮はあくまでもトップダウンで行われるものです。

第三に、自然発生的な分業。リーダーの立てた戦略を実行する段になると、多種多様なメンバーが活躍します。二四時間監視されている中で、脱走計画に必要な資材をうまいことちょろまかしてくる「調達屋」。脱走経路になるトンネルに空気を送り込む装置を器用に作る「製造屋」。収容所で調達できる素材だけでいろいろなタイプの服を作ってしまう「仕立て屋」。身分証明書の偽物を作るのが得意な「偽装屋」。体力があり、忍耐強くトンネルを掘り続ける「トンネルキング」。

ここで重要なポイントは、事前の計画段階からこういう機能や役割の分担ができていたのではなかったということです。たまたまチームに集結した人たちが、自由闊達に自分の能力を発揮し、得意技を繰り出し、その結果として事後的・自然発生的に役割分担と分業が生まれています。

第四に、多様性。それぞれが持っている能力が多様なことに加えて、バックグラウンドや性格もさまざまです。連合軍なのでオーストラリア人もいれば、アメリカ人、イギリス人もいる。象徴的な存在が、スティーブ・マックイーンが演じるバージル・ヒルツ。単独行動を好む一匹狼のアメリカ兵です。

リーダーのビッグXは、脱出計画を策定する途中で、収容所の外の状況を知りたいと考えます。周囲の状況がわからないと、脱出してトンネルから出た後の作戦が立てられないからです。そのためには、一人が一度脱走して外に出て、わざと捕まって戻ってくるというステップをどうしても踏まなくてはなりません。考えてみれば、とんでもない自己犠牲です。誰もそんなことやりたくないのですが、「俺がやる」と手を挙げたのが、それまで一匹狼で言うことを聞かなかったバージル・ヒルツでした。こうして彼もチームに加わり、決定的に重要な役割を果たします。

多様性があるチームは、そう簡単にはまとまりません。大脱走のチームにしても、最初から調和に満ちた仲良しクラブではありません。和気藹々もいいのですが、それが目的になるとチームの力を弱めることにしかなりません。お互いに頼りにするのではなく、もたれ合うようになってしまいます。それぞれが自分の個を立てて、ひとつの目的に向かって奮闘する。その仕事のプロセスでお互いに対する信頼と尊敬が生まれ、結果的に一体になっていく。『大脱走』には、優れたチームの条件がすべて入っていると思います。

「ソー・ロング……」

映画で言えば、一九五七年の『十二人の怒れる男』の陪審員団も優れたチームの見本です。名作なのでご覧になった方も多いと思います。ある刑事裁判で一二人の陪審員団が有罪か無罪かの判断を下すまでの相互作用のプロセスを濃厚に描いた密室劇です。

議論の前半では、一二人の意見は一致しません。そこに、自然発生的にリーダーが現れる。彼のリーダーシップが真実に迫る建設的な議論の場を生み出します。だんだんみんながストレートに意見を闘わせるようになり、対立から重要な事実が浮かび上がってくる。それが最終的により良い意思決定となります。素晴らしいチームワークの物語です。

とりわけ秀逸なのはラストシーンです。陪審員団は議論のために匿名で招集された人々の集まりです。結論が出れば仕事は終わりで、解散となります。一二人が大激論を繰り広げた小部屋から出て、それぞれの家に帰る。ヘンリー・フォンダが演じたリーダーと、一連の討議のプロセスの中で彼と肝胆相照らした老齢の陪審員、この二人が裁判所の出口で短い会話を交わします。

老人が「あなたの名前は?」と尋ねると(陪審員はお互いに氏名は明かしていない)、「デービスです」。「私はマカードルです」と返した老人は、何か話を続けようとするのですけれど、ちょっと間を置いて「ソー・ロング」とだけ言って別れる。で、お互い別々の方向に歩いて行く。

このエンディングには唸りました。優れたチームのあり方を実に巧く表現しています。メンバーが持てる力を出し合って、成果を生む。仕事が終わったら「じゃあね」で、その先のベタベタした人間関係がない。もしかしたらこの後二人の間につき合いが生まれるかもしれないけれど、それがチームの必要条件になっていない。

組織は長く続いていくものですが、チームには終わりがあります。目的を達成するとあっさりと解散する。脱走なり判決の合意を果たすまでがチームの仕事で、後はそれぞれお好きなように、という世界です。目的が達成できた時点で、ミッション・コンプリート。それぞれが自由意思で次に向かっていく。それぞれの中に、「あのときはよくやったな」とか、「あいつは頼りになったな」といった記憶は残る。でも、引きずらない。記憶が残ればそれで十分。スカッとした「終わり」があるというのがいいチームだというのが僕の考えです。

組織を悲観し、チームを楽観する

「うちの会社は駄目だ」とか「組織の仕組みがなってない」とか、やたらと組織についての愚痴を言う人がいます。会社に期待するのは禁物です。どこの会社もそういうものでして、「うちの会社の組織や仕組みは最高です！」と言う人はあまりいません。会社が悪いのであれば、転職すればイイだけです。

仕事の現場では日々の仕事をするチームが動いています。会社全体の組織を云々する前に、自分たちのチームを良くするのが先決です。組織全体のあり方はすぐにはどうにもなりません。それでも仕事の現場で動く自分のチームについては、今すぐに変えられることが多々あるはずです。

組織全体が変わるにしても、その発端は往々にして特定のチームにあるものです。あるチームが、すごくいい動き方をして成果を出したとする。目に見える成果が注目され、会社全体に伝わる。同じような成果が他でも生まれるようにしたいとマネジメントが考える。こうして制度設計やルールの変更といった組織レベルの変化が触発されるわけです。

現状に問題を感じ、変革を起こしたければ、問題を組織の構造や制度にすり替えないことが大切です。新しい制度設計を待たず、まず自ら動く。とりあえずは自分の影響の及ぶチームに新しい動きを起こし、明らかな成功例をつくる。組織の他の人々に成果が見えれば、賛同する人が出てきます。その他大勢もそのうちについてくる。制度化やシステム化を考えるのはその後で十分。構造変革を待たずに動き出すのが本当の構造変革者です。

『大脱走』と『十二人の怒れる男』の他にも、優れたチームを描く物語はたくさんありますが、「組織の物語」というのはあまり聞いたことがありません。組織のレベルになると、個人の顔が見えないからです。あまりチームで仕事をしたことがない僕が言うのもなんですが、記憶に残る仕事のリアリティーはどこまで行ってもチームにあるのではないでしょうか。

今も昔もチームの物語が多いのは、そこに個々の人間が色濃く出るからです。チームで仕事をするにしても、チームが仕事をするわけではありません。仕事をするのは結局のところ個人です。個のエッジが立っているからこそそのチーム力。この当たり前の事実がチーム力を考える起点であり原点です。

第7章　友達

「友達申請」の不思議

友達の定義は人それぞれです。ここでは「仕事のような必然性や理由がないにもかかわらず、私的に会いたくなり、実際にときどき会う人」としておきます。連絡を取り合うだけではなく、実際に会ってゆっくりと話をするという関係に限定すると、僕の場合その数は相当少ない。理由は、自分の性格や生活が極めて非活動的だからです。

そうした僕から見ると、今の世の中はつながり過剰のように思います。SNSでは「友達申請」というのがありますが、友達は「申請」してなるものではありません。繰り返しになりますが、しょせん体はひとつ、時間は一日二四時間しかありません。つながっている人の数が広がった分、一人一人との関係が希薄になるのは論理的必然です。昨今の「デジタル友達」というのはしょせんその程度のつながりで、僕の友達の定義には当てはまりません。

フェイスブックに一応登録はしているのですが、ほとんどまったく使っていない。ただしフェイスブックで「友達申請」をいただくと、よほどの人（プロフィールを見た瞬間に邪悪な空気を放出している未知の人物）でない限り、一定数の「共通の友達」がいる人は承認しています。明らかに矛盾しています。

その理由は僕の煩悩にあります。すなわち、僕の所属しているロックバンド Bluedogs のライブの集客です。ライブの告知手段として、フェイスブックで幅広くつながっておきたい。あわよくばライブにお越し願いたい。極めて利己的な理由（だけ）でユーザーになっています。フェイスブックを開くのは、ライブの告知をするときだけ。ライブさえなければ、一刻も早くフェイスブックを離脱したい。もっとも、告知をしても実際にライブにお越しくださる方は毎回五人ぐらいです。それでもフェイスブックを捨てきれない。嗚呼、煩悩のフェイスブック。

ツイッターも長年利用していますが、今では仕事で書いたものの備忘録としてのみ使っています。紙の媒体に書いたものは、ファイルできます。ところが最近はデジタルメディアでも書くことが多い。そのうちどこに何を書いたのかわからなくなります。で、書いたものがデジタルメディアに出ると、共有ボタンを押してツイートしておく。こうしておくとより多くの方々にお読みいただけるという色気もあります。もちろん Bluedogs のライブ告知も欠かさずツイートしています。

誰もフォローしていなくても、親切なことにツイッターは「話題のツイート」を流してくださいます。「ネットで集客しようとする人は、基本的に実力不足で仕事がない人。実力がある人は、何もしなくてもさばききれない量の仕事が舞い込んでくるから、ネットを活用するメリットがない」というツイートが流れてきました。その通り、と膝を打ちました。Bluedogs の実力不足を正確に言い当てています。

非社交的な僕は「パーティートーク」を苦手にしています。誰かれなく意味のないこと（だけ）を延々と話す。これが実に上手な人がいるのですが、僕は人と話をするのであれば、きっちり議論というか意見交換をしたいタイプです。その人の考えを知りたい。自分の意見や自分の考えにその人がどう反応するのか、それを知りたい。ただし、パーティーでこれをやるのは迷惑な話です。ですから極力行かないようにしています。

それでも、たまにパーティーに出かけてみるとイイこともある。会場を出て一人に戻った時の孤独感、これはわりとスキです。パーティーの喧騒と、一人になったときのコントラストがイイ。ターボがかかった孤独感に浸っていると、ときどき多幸感にシビれることがあります。前にもお話ししましたが、「ひとりでいるってー、すてきなことねー」と唄いたくなるほどです。パーティーの良いところは、僕がどれだけ一人でいるのがスキなのかを再確認させてくれるというところです。

人間に対する興味は滅法強いので、たまにパーティーに出席すると、人の行動を観察するのが面白い。お互いに深々とお辞儀をしている人たちを見て、「どういう利害があるのかな」とか、そこで繰り広げられる人間模様を勝手に想像しては楽しんでいます。

とある大きなパーティーでは、世間的に偉いとされる人々が集まっていました。みなさん取り巻きに囲まれています。取り巻いている人たちと取り巻かれている人との関係性や、取り巻きの中にも見え隠れする上下関係を見ていろいろと想像する。そのうちに『仁義なき戦い』のドキュメンタリー版のように見えてきます。あくまでも僕の手前勝手な妄想なのですが、こういうパーティーならではのエンターテイメントはわりとスキです。

人間に関心があるということと、実際に人と会って交流を深めるということは、別ものです。その点、読書は人物を深く知ることができるのに、実際に会わなくてもいい。面白くなければ、すぐに読むのをやめればいい。これが読書のイイところです。人との交際は、そうはいきません。ちょっと話をして、「面白くないので、これで失礼」というのはそれこそ失礼な話です。

偶然性・反利害性・超経済性

年を重ねるごとに、新しい友達をつくるのが難しくなっていくように思います。僕よりずっと社交的で友達が多い人でも、そういう感覚があるのではないでしょうか。

子どもの頃は、学校や家の近所で友達が自然とできます。僕は小学校の高学年のときに、それまで過ごしていた南アフリカから日本に戻ってきました。最初の登校の日は、ちゃんとした「学校」に入るのに緊張を覚えました。というのは、南アフリカで通っていた小学校は寺子屋みたいなもので、先生のご自宅に日本人の子どもが集まって、一年生から六年生までが一緒になって遊んでいるような場所だったからです。

ついに日本への帰国が決まったとき、先生が「みんなと友達になれるように、きちんとご挨拶と自己紹介ができるようにならないといけません」とおっしゃいました。外地で乱れていた僕の日本語を直し、正しい日本語の挨拶を教えてくださいました。

日本の小学校に転校した初日、担任の先生に自己紹介するように言われた僕は、教わった通りの挨拶をしました。「えーこのたび、遠くアフリカからこの日本の地に戻って参りました楠木建でございます。みなさまにおかれましては、ひとつよろしくお願い申し上げます」──教室中が大笑いになりました。これは挨拶の仕方が悪かったのかなと思いまして、「えー、大変失礼いたしました。私はこのたびー」と繰り返すと、さらに爆笑。先生が教えてくださったのは大人の挨拶で、子どもの会話はアフリカと変わらないということに気づきました。最初から躓《つまず》きましたが、それはそれ、子どもなのですぐに友達ができました。

小学生時代はすぐに友達になれたのに、年齢を重ねるにつれて新しく友達になるような人はだんだんと減っていく。ひとつには外的な環境要因があります。仕事を始めると忙しくなる。それから家族ができて子どもが生まれて、ますます忙しくなる。子どもが出ていって一段落、と思った頃には、今度は親の健康問題が出てくる。学生のときより時間が取りにくくなります。

僕の場合、それよりも内的な要因が大きい。年を取れば取るほど自分の趣味、嗜好、興味、関心というものが確立してきます。対人関係のストライクゾーンがどんどん狭くなってくる。大人になると本当に気が合うなと思える人は少なくなっていきます。

詩人の高橋睦郎《むつお》の名著に『友達の作り方』（マガジンハウス）があります。この本の中に友達の本質を鋭く抉る定義がありました。友達というのは偶然性、反利害性、超経済性という条件を備えた人間関係である——まったくその通りだと深く共感しました。『友達の作り方』というタイトルなのに、友達の本質からして、友達の作り方なんてものはない——スカッとした結論が素敵です。

小学校のクラスとか大学のゼミは、偶然そこに集まった人で構成されます。経済的利害はない。友達の条件を自然に満たしています。考えてみると、そういう場は学校や地域のコミュニティぐらいしかありません。世の中に出ると、仕事が忙しかったりして偶然性の条件を満たす出会いの機会は格段に減ります。知り合う人の多くは仕事を通じて会うことになります。利害性や経済性が多少なりとも絡んできます。

三〇歳の頃に友達になったIくんという人がいます。彼と出会ったのはまったくの偶然でした。その日、僕は六本木のマッサージ店にいました。その店は道路に面した壁がガラス張りになっていまして、ぼんやりと外を見ていましたら、僕の以前からの友達のKくんがたまたま歩いているのが見えました。ちょうどマッサージが終わるタイミングだったので、店を出てKくんを追いかけたのですが、そのとき彼と一緒にいたのがIくんでした。で、二人が近所のお店に行くのに交ぜてもらいました。

Kくんは元から友達でしたが、初対面で偶然食事をすることになったIくんとも、ありとあらゆる点で気が合いました。三〇代の一時期は、その三人で週に二回は会っていました。今でも仲良くしてもらっています。これも偶然性、反利害性、超経済性という友達の条件を完全に満たしているからこそだと思います。

つまりは「縁」です。偶然とか無意識というものが重なって、ひょんなことから縁が生まれる。「縁は異なもの味なもの」と言いますが、日常生活でこれほどコクがあるものはありません。その反対に、明確な目的を持って意図的に人脈作りをする人がいます。そういう人とは友達になりたくありません。というか、定義からして友達ではありません。

友達のジャンル

友達にもいろいろなジャンルがあります。まずは「学友」。お話ししたように、学生時代は友達になりやすい条件が揃っています。同級生とか同窓生とか、今でも会うとお互いすぐに昔に戻れる。こういう関係はかけがえのないものです。

五〇代にもなると、生活のフェーズが変化するからか、やたらと高校や大学の同窓会のお誘いがあります。毎週一緒に勉強したゼミの仲間であれば、会って話をするとヒジョーに楽しい。ただ、これが単に同じ年に卒業したというだけの同窓会や、卒業時期の異なる幅広い世代の人が集まる会となると、あまりスキではありません。

大学に勤めていることもあって、その手のイベントに出なければいけないこともままあります。すると、まったく面識のない人から、「キミは何年卒か」と言われたりします。「昭和六二年卒です」と言うと、「そうか、僕の七年後輩だな」――先輩は先輩なのですが、それ以上何の関係もない。そういう人に限って、先輩として優越的な立場にあるという前提で、ヘンな利害に巻き込もうとしてくるのが厄介なところです。

その最たるものが、集団のボスが定期的に開催する「仲良し会」です。政治家でもないのに派閥のようなものを作って、そこにいる全員がお互いに何かの利得を引き出すことを考えている。「気が合うんだよ」とか言いながら、その実、一〇〇パーセント利害でつながっている。「俺はこいつをかわいがってるんだ」「あの人にはかわいがってもらっています」——鳥肌が立つほどイヤです。この手の集会からはソーシャルディスタンスを堅守しています。

共通の趣味を通じて友達になるというパターンもあります。バンド仲間でスタジオに集まって、一緒にリハーサルをして、たまにはライブをやる。これ以上ないほど楽しいし、音楽の話をすれば盛り上がります。それでも、たまに食事をしながらゆっくり話をするという友達とは少し違う。朝集まって、スタジオで三〜四時間演奏して、みんなで昼ごはんを食べて、音楽の話をして、そこで解散——あくまでも趣味を共有する友達です。

三つ目のジャンルが広義の「戦友」です。僕が勤めている一橋大学には如水《じょすい》会館という同窓会の施設があります。二〇年くらい前までは実際に戦争に行った方々の戦友会というものがここでよく開かれていました。おじいさまたちの軍隊経験の話を横でそれとなく聞いていますと、涙あり笑いあり。話の盛り上がり方が半端じゃない。深いつながりがあることがひしひしと伝わってきます。「そのときだ、中尉の乗った戦車がだ、いきなり被弾したわけだ……」とか、とんでもなくダイナミックな話題が次々に出てきます。

戦争に限らず、辛い時期を一緒に耐えて乗り越えてきた友達とは深いつながりができます。僕にとっての戦友は、大学院時代をともに過ごした仲間です。僕にとっての大学院時代は辛くて長い暗黒時代でした。修士課程だけだと二年間なのですが、その続きの博士課程まで行きますと、さらに三年。その間、ずっと一人で勉強している。誰かの役に立っているわけでもない。その先に何か仕事があるかどうかも不確実です。駆け出しの頃は、何をやってもうまくいかない。人間が暗くなる要素が全部揃っています。僕が絶対悲観主義者になったのも、何とかしてこの暗黒時代と折り合いをつけなければならないとあがいた末のことでした。

今ではこの仕事を気に入っていますが、生まれ変わっても同じ仕事を選ぶかと聞かれれば、絶対にイヤです。あの大学院の暗黒時代を再び経験したくないからです。しばらく社会に出ずにゆっくりしていたいという消極的な理由で大学院に進んだので、学問的な使命感はまったくありませんでした。確たる研究テーマも持ち合わせていませんでした。これが大学院での生活をますます空虚で辛いものにしました。

その時期、学部から大学院の修士課程まで一緒だったのが青島矢一くんです。研究者育成に情熱を持ち、その分ヒジョーに厳しい指導教官でいらした榊原清則先生の下で、傷を舐めあいながら試行錯誤していました。彼がどう思っているかは知りませんが、人生でいちばん暗い日々をともに過ごした青島くんに、僕は勝手に戦友感を抱いています。今でも同じ大学で仕事をしていますが、キャンパスも離れていて、彼も忙しいのでたまにしか会う機会がありません。それでも会って短い話をするだけで、「友達ってこういうことだよな」という実感があります。

テロワールの会

たまに会っても話をしているだけで面白い。次に会うのが楽しみになる。こういう人が本当の友達だと思います。

Xさんという七〇代の先輩にして友達がいます。最初は仕事でお目にかかった方なのですが、この人の話がもう最高に面白い。面白過ぎて危険なほどです。今は地方に住んでいらっしゃるので、そんなに会う機会もないのですが、たまに会って話をしているだけで、こんなに楽しい時間はあるのか、と思わされる。で、すぐにまた会いたくなる。そういう人です。

「テロワールの会」という集まりがありました。後述する会の趣旨からして絶対に名前は明かせませんが、メンバーはXさんと僕を含めた四人です。この四人で同じ先生に茶道を習っていた時期があります。お茶の稽古の後、四人で食事をしているとき、一人が話の流れで「実はこの話、今まで誰にも言っていなかったんだけどさ……」という打ち明け話を始めました。その中身がわりと強烈で、普段のその人からは想像もつかない告白でした。これがとんでもなく面白く、その日は盛り上がりに盛り上がりました。ダークサイドも含めて自分をさらけ出せる人間関係というのは、実に気持ちがイイということに気づきました。

あまりに面白かったので、この集まりを定期的に四半期に一度開催しようということになりました。その時食事をしていたのが「テロワール」というレストランだったので、会の名前は「テロワールの会」。毎回当番を決めて、その人が絶対に他では言えないことを白状するという秘密集会です。ルールは、第一にこれまで人には言えなかったことを躊躇なくぶちまける。第二に、ただし、万が一あったとしても、刑法に抵触する話はしない（そうなると善良な市民の義務として警察に通報しなければならないから）。第三に、テロワールを一歩出たら、そこで聞いたことは決して口外してはならない。

みなさん社会ときちんと折り合いをつけて生きている立派な大人なのですが、「えー!?そんなことが……」と仰天する話が次から次に繰り出されます。人間の深さを知らされました。自分の順番が回って来たときは、僕も思いっきりぶちまけました。そこで何を話したかは口が裂けても言えません。あまりに面白くて、終わるとすぐに次のテロワールの会が待ち遠しくて仕方ない。さすがに一・五周ぐらいで話すネタが尽きて自然解散となりました。

テロワールの会は友達関係の究極を暗示しています。経済性や利害関係があったとしたら、秘密の告白はあまりにもリスキーです。本当の友達としての信頼関係がなければ、テロワールの会は成立しません。

僕の場合、こうした友達は数少ないのですが、彼らとの雑談は生活の愉しみの中でも最上等のものです。議論をしようという目的で会うわけではなくとも、結果的に自分の生活や仕事にとって基盤となるような知見が得られることもしばしばです。好みが違っていても一向にかまわない。自分が興味を持ったことや好きなことを話したくなる。その反応を聞きたくなる。そうした特定少数の友達との長いつき合いがあれば十分です。

第8章　オーラの正体

昭和の大バンカー

「あの人からはオーラが出ている」という表現があります。たまにはそういう人に遭遇することもあります。オーラの正体とは何か。結論を先に言えば、オーラとは受け手の側が勝手に感じるものだ、というのが僕の見解です。その人がオーラを出しているわけではない。当人にはそのつもりはないのに、周りの人が「うわー、オーラが出ている」と言っているだけというのが本当のところだと思います。

そう思うようになったきっかけは二五年以上前の僕の経験です。すでにバブルは崩壊していましたが、まだ多くの「都市銀行」が残っていた時代です。当時の銀行では、頭取に昇りつめた人や役員を経験した人たちが、現役生活を終えた後も相談役や顧問という肩書で会社に残っていました。そういう人たちのために特別な部屋や秘書、送迎の社用車も用意されていました。

相談役と言っても、本当に相談しに来る人はあまりいません。毎日黒塗りのクルマで会社に来ては、新聞を読んで雑談している。銀行に限らず、当時の日本の大きな会社は、事実上引退した人たちに対してこうした「福利厚生」を提供していたものです。

ある銀行の相談役や顧問の方々の昼食勉強会で話をさせてもらうことがありました。いろいろなジャンルの学者や専門家を呼んで意見交換をするという建てつけではありますが、実態はおじいさまたちの暇つぶしです。皇居に面した銀行本店の偉い人たちの会議室でお目にかかった方々は、全員男性のご老人でした。その中にひときわご高齢の方がいらっしゃいます。名刺をいただくと、僕もその名前を知っている、日本の戦後復興を支えたかつての大バンカーでした。肩書は「名誉相談役」。名刺に「社友」とある人もいました。世間知らずの僕は、その時まで「社友」という人を見たことがありませんでした。「これは……？」とお尋ねすると、おじいさま曰く「ま、会社の友達だな」――法人にも友達がいるということを初めて知りました。

高級なお弁当（なだ万謹製）をいただきながら、意見交換というか雑談をしました。何の話をしたかはまったく覚えていませんが、一段落したときに「われわれもいろいろな経験をしてきている。こういう機会はあまりないだろうから、若い君から何か聞きたいことがあれば、何でも質問したまえ」――この人たちとは二度と現世では会わないだろう、会うとしても来世だなと思った僕は、これ幸いとストレートな質問をしてみました。「せっかくなのでお聞きしますが、みなさんは今のご自身の存在をどのように自己正当化しているのですか」——今考えれば失礼な話なのですが、若かったこともあって、こうしたおじいさまたちの存在に納得がいきませんでした。

彼らが相談役や顧問として会社に残っていることにはそれなりのコストがかかっている。人件費や社用車のコストだけではありません。より大きな問題は、引退した人がこうして毎日会社に来ていると、現役経営陣の意思決定に間接的にではあっても影響を与えるということです。その時分の銀行は、バブル崩壊後の不良債権処理の問題を引きずっていました。現役で仕事をしている人々はかつての部下です。過去のしがらみが現下の問題についての経営判断を鈍らせるということがあるのではないか。しかも、彼らが現役のときにも、当時の相談役や顧問のおじいさまたちがいたはずです。おそらく迷惑な存在だったのではないか。それなのに、なぜ顧問や社友の肩書で会社に居座っているのか——。

さすがに向こうは大物です。チンピラのぶしつけな質問にも、「君、面白いこと言うじゃないか」——それぞれにいろいろなことをおっしゃいましたが、一言で要約すると、「寂しいんだよ！」という話です。

若造はさらに食い下がりました。「そうは言っても、ここは株式会社じゃないですか。顧問や相談役の存在をどう説明するのかと株主から問い詰められたら、みなさんはどうするのですか」。すると、かつての大バンカーが泰然と一言、「君は偉くなったことがないから、わからないんだ……」。これは強烈に腑に落ちました。そういえば、僕は偉くなったことがなかったのです。

元大バンカーは続けました。「偉くなるということがどういうことか、君に教えてあげよう。それは、自分の体から光が出ているような気分になるということだ」——毎朝、本店の車寄せで黒塗りの社用車から出てくると、「あ、頭取だ」とみんなが注目する。受付を通れば「あ、頭取だ」と空気が変わる。エレベーターに乗れば「あ、頭取だ」とみんなが挨拶する。周囲の全員から注がれた視線の反射で、自分から光が出ているような気になる。本当に自分から光が出ているわけではないけれども、そういう立場に慣れ親しんでいるうちに、確かに自分から光が出ているような気になってしまう。そうした「偉い人」の光を失ったときの寂しさは、偉くなったことがない君にはわからないだろう——実に率直にして懐が深い。さすがに日本の戦後復興を支えてきた大物です。チンピラがここまで失礼なことを言っているのに、正面から納得のいく深い話をしてくださいました。いたく感動して銀行を後にした次第です。

その後、この大人物と（現世では）お目にかかることはありませんでしたが、このときのやり取りは心に残っています。オーラというのは周囲の注目や関心を反射しているだけ。自ら発しているというよりも、周りの人々が勝手に仕込んでいるものだと考えるようになりました。

オーラの逓減

大バンカーとの邂逅《かいこう》からしばらく経って、ソニーのお手伝いをする機会がありました。当時ソニーの社長だった出井伸之さんとの最初のミーティングは今でも鮮明に覚えています。スティーブ・ジョブズ氏が「アップルをソニーのような会社にしたい」と言っていた頃です。当時の出井さんは世界のスター経営者でした。お会いした瞬間に強烈なオーラを感じました。見た目からしてものすごくカッコいい。出井さんが入ってくると、部屋が一気に明るくなった気がしました。「後光が差す」とはこういうことか、と思いました。ミーティングの最中にも世界の要人からガンガン電話がかかってくる。その中には当時の小渕恵三首相からの「ブッチホン」もありました。

出井さんとの仕事は毎回ヘトヘトになりました。こちらが感じているだけなのに、オーラにやられてしまう。ソニーの仕事は、駆け出しの僕にとってはタフなものでした。明らかに当時の僕のキャパシティーを超えていたと思います。お手伝いをするようになって二年ほどで出井さんは退任され、その後しばらくお目にかかる機会はありませんでした。率直に言って、出井さんに会いたいとは思いませんでした。

ソニーを辞めた後、出井さんはご自身の会社（クオンタムリープ）を立ち上げ、自由な立場で活動を始めました。クオンタムリープが「アジアイノベーションフォーラム」という国際会議を開催することになり、ちょっと手伝ってくれということで数年ぶりに出井さんにお目にかかりました。

そのときの出井さんは僕にとってまったくの別人でした。出井さんが初めて「人間」に見えました。一気に距離が縮まった気がして、ようやく出井さんとの仕事を楽しむことができました。それ以来、いろいろな場で出井さんとご一緒する機会をいただきました。今では出井さんは僕にとって「身近な大先輩」です。「この人がいなければ、今の自分はない」と思える人が何人かいるのですが、出井さんは間違いなくその一人です。

若い頃に大前研一さんと初めてお会いしたときも、強いオーラを被弾しました。すさまじく頭が切れる。その頭脳明晰と思考速度は僕の想像を超えていました。そんな大前さんも一人の人間です。仕事で繰り返しお会いしているうちにオーラは消えていきました。

こっちが勝手に感じているだけなので、当たり前の成り行きです。最初に体感するオーラは強烈でも、時間とともに逓減していく。受け手の認知であるだけに、オーラは一過性のものだと思います。それがずっと続くとしたら、本当にその人からオーラなるものが出ているということで、そうなるともはや超人や聖人の領域です。僕の経験の範囲では、今までそういう人は一人もいません。

ジェームズ・ボンド役で全盛期のショーン・コネリーは、この世のものとは思えないぐらいカッコよかったそうです。『007は二度死ぬ』で来日したときに彼を見た人の書き残したものを読むと、「あまりのオーラに腰を抜かした」とあります。そんな人でも、日常的に接している人から見ると、一人の人間だったはずです。高倉健さんの放つオーラは、会った瞬間に背筋が伸びるほど凄かったという話を読んだり聞いたりします。これにしても、人々が勝手に「健さん」というイメージを膨らませているからで、ずっと通っていたホテルパシフィックの床屋さんにとっては、健さんもまた「普通の凄い人」だったのではないでしょうか。

僕は大学で教えるようになったのが二七歳のときなのですが、そのタイミングで教わる側から教える側に立場が変わりました。教授会に出席すると、そこにいる人たちは僕が講義を受けていた先生です。これまで教えてもらっていた教授と職場の仲間として顔を合わせることになり、最初はちょっと落ち着かない気がしました。ところが、これまた当たり前なのですが、一緒に働いてみると全員わりと普通の人です。三ヵ月も経つとすっかり慣れました。慣れ過ぎて、そのうち「お前は態度が悪い」「生意気だ」と叱られるようになりました。

カラフルな人

オーラとは微妙に異なる属人的な特性に「カラフル」があります。例えば、個人的に知っている人で言うと、玉塚元一《げんいち》さん（ロッテホールディングス代表取締役社長）はカラフルな人です。後光というのとはちょっと違って、彼がいるところだけに陽が差しているように見える。モノクロームで写真を撮っても、一人だけ色がついている感じです。見た目もカッコいいのですが、実際に接していると爽やかさが半端じゃない。同じ空気を吸っているだけで気分がよくなります。

東京ミッドタウンにあるユニクロのお店の前で、偶然玉塚さんを見かけました。久しぶりだったので、僕が「今日はどうしたんですか」と聞くと、「ちょっと時間が空いたので買い物に来た。それにしても、ユニクロはホントにイイ。ユニクロ最高！」と言っていました（玉塚さんはかつてユニクロの社長だった）。この屈託のなさが玉塚さんのチャーミングなところです。

仕事の先輩の米倉誠一郎さんもカラフルとしか言いようがない。僕が一橋大学の学生の時、米倉さんはすでに講師でしたが、存在は知りませんでした。ゼミの榊原先生の研究室で一人で留守番か何かをしていると、いきなりドアを開けて見知らぬ人が入ってきました。顔立ちからして僕は中東からのお客さまだと思ったのですが、「榊原さん、いる？」と流暢《りゅうちょう》な日本語で聞かれたので驚きました。「先生はいません」と答えると、「あ、そう。じゃあまた来るわ」と言って出て行きました。先生が戻ってきて、「少し前にアラブ系の人が訪ねて来ましたよ」と言ったら、「ああ、それは米倉だね」――さっきの人が実は日本人だということを知りました。これが米倉さんとの最初の出会いです。

その後、米倉さんとも一緒に仕事をするようになりました。僕にとっては職場でいちばん親しい人になりました。最初から「この人と一緒にいると、何かいいことがありそうだ」という気がしました。で、実際にいろいろなことを一緒にやってみると、いいことも悪いこともありました。ひとつ確かなこととして、いまだに僕は米倉さんとやる仕事がいちばん楽しく、いちばん調子が出ます。それは、やはり米倉さんに固有のカラフルさによるところが大きい。明るくて率直で屈託がない。議論になると、彼とはしばしば意見を異にします。それでも、ソリは合わないけれどノリは合う。米倉さんの主張に賛同するかどうかは別にして、米倉誠一郎という人間が嫌いな人はあまりいないと思います。

オーラは受け手の認知で、それゆえ一過性のものですが、カラフルさはその人自身が持つ特質です。変わることはありません。

圧がある人

オーラやカラフルさとまたちょっと違う人間の特徴として、ある種の圧を感じる人がいます。その人の迫力というか活力なのですが、「圧」という言葉がいちばんしっくりくる。例えば、新浪剛史《にいなみたけし》さん（サントリーホールディングス代表取締役社長）や永守重信さん（日本電産創業者）。重力とか素粒子レベルでの物理的な現象が起きているはずもないのですが、会うといつも圧を感じます。これはいったい何なのかと不思議に思います。

ミスミの経営を長くやっていらした三枝匡《さえぐさただし》さんにも強烈な圧を感じます。新浪さんや永守さんが陽性の圧なのに対して、三枝さんのそれはどちらかというと静かな圧です。圧にも異なった種類がありそうです。

とりわけ圧を強く感じるのが、一対一で会ったときです。経営者のような勝負の世界に生きている人が放つ気迫をこちらが圧として受け止めるのかもしれません。スポーツ選手にもある種の圧を感じます。戦国時代の武将とサシで対面したら、今までに感じたことのないような異様な圧があるのかもしれません。

経営者もいろいろで、大変な名声をお持ちの経営者でも、圧を感じさせない人がいます。ファーストリテイリングの柳井正さんは、はじめからまったく圧のない人でした。仕事には非常に厳しい方ですが、二人になっても圧は感じません。むしろ親しみを覚えます。最初の印象は、ものすごく声がイイということでした。引き込まれるような深みのある声です。

僕の職業である学者となると、あまり勝負と関係のない世界なのか、圧を感じる人は少ないという印象です。大御所のマイケル・ポーター先生も、最初から圧は感じませんでした（オーラ認知はしっかりありましたが）。僕の大スキな経営学者で、独自の議論を展開するヘンリー・ミンツバーグ先生も、仕事でご一緒するとまるで圧がないチャーミングなおじさんでした。野中郁次郎先生ほど圧のない人も珍しい。淡々飄々《ひょうひょう》としていらっしゃる。

たまたま一橋大学の同期入社だったのが中谷巌《いわお》さんでした。中谷さんは当時からマクロ経済学の大御所で、僕も中谷さんの『入門マクロ経済学』（日本評論社）で勉強したクチです。前職は大阪大学の副学長で、歴代総理大臣のアドバイザーをしていたような方ですから、世間的には相当偉い。

大学に就職すると研究室を割り当てられます。中谷さんの研究室に本を運び入れたり、本棚に本を入れるのをお手伝いしました。先生の引っ越しをひと通り終えて、自分の荷物の搬入を始めようとしたら、今度は中谷さんが一緒に本を運んでくれました。あの中谷先生が……と驚きました。とても親切な方で、まったく圧は感じませんでした。以来、ずいぶんと親しくさせていただきました。数十年経ってから中谷さんに、「あのとき引っ越しを手伝ってもらって、偉い先生なのに最初から距離を感じなかったんですよ」と当時の印象を振り返ったら、「俺はずいぶん生意気なやつだと思ったよ」と言われました。

学者で例外的に圧を感じるのは、大先輩の経営学者で、学生時代に講義を受けて経営学への興味を与えてくださった伊丹敬之さんです。この人だけには自分が教師になった後も圧を感じました。特にサシで話をすると、押し寄せてくる圧が強力でちょっとやりにくい。「ここは法治国家だし、いきなりぶん殴られるわけでもないから大丈夫」と自分に言い聞かせていました。

生意気な口をききながらも、いつも不思議な緊張を感じていました。ずいぶん伊丹さんにはイジメられましたが、そのうちにこの圧が面白くなってきました。これはいったい何なのか。どういう成分でできているのか。そう思いながら伊丹さんとサシで話をするのを楽しめるようになりました。しばらく前、久しぶりに伊丹さんと昼食をご一緒する機会がありました。相変わらずの圧が懐かしく、これまでずいぶんお世話になったものだと思い知らされました。

凄味のある人

何度お会いしても「凄味」を感じさせる人がいます。畏怖と言ってもいい。面白いのは、凄味のある人には最初にオーラやカラフルさを感じる人がむしろ少ないことです。

僕の古い友人に、ラグビーの指導者でコーチングの分野でも広く活躍している中竹竜二さんがいます。現役時代は早稲田大学ラグビー部のキャプテンを務めた中竹さんは、社会人になってからはラグビーを離れていました。その後、若くして早稲田大学のラグビー部の監督になります。前任は清宮克幸さん。選手としても監督としても抜群の実績を持つ、ラグビー界のスーパースターです。後任の中竹さんは部員から「日本一オーラのない監督」と言われたそうです。オーラもカラフルさもない。圧に至ってはむしろマイナスです。

中竹さんが監督を務めた四年の間に、早稲田は二回日本一になっています。中竹監督時代の早稲田のラグビー部やU20日本代表チームの合宿の手伝いをさせてもらったことがあるのですが、彼の指導力は尋常ではありません。知れば知るほど、そのコーチングとチームビルディングに凄味を感じました。

オーラはないのに凄味が後からじわじわくる。こういう人を僕は何人か知っています。ライフネット生命保険の創業者で、現在は立命館アジア太平洋大学学長の出口治明さんもその一人です。お会いすると普通過ぎるくらい普通の人で、まったくオーラは感じません。ところが話をしているうちに、その異様な知性と教養が押し寄せてきます。底なし沼の深淵を覗いているようで、ある種の畏れを感じました。

脱力系の凄味にはひときわ味わい深いものがあります。その代表がユナイテッドアローズ創業者の重松理《おさむ》さんです。相手に対する威圧感は皆無。肩に力が入っていないというのはこういうことなのかと思います。重松さんはシャンパンが大スキで、会食でお目にかかるときはいつもシャンパンを飲んでいます。「お休みの日は何をなさっているのですか」と尋ねると、「何もせずにシャンパンを飲んでいます」。経営の第一線もお退きになったので、「昼間は何をしているのですか」と聞くと、「シャンパン飲むために体調を整えています」――この脱力感がたまりません。

凄味は目に宿ります。重松さんが普通の人と違うのは目です。「目は口ほどにものを言い」とはよく言ったもので、目に不思議な力がある。俗にいう目力《めぢから》ではありません。なかなか言語化しにくいのですが、「まなざしが深い」という表現が近い。

まなざしの深さについてはっきりと意識させられたのは、約二〇年前のことです。僕は二〇〇〇年にビジネススクールに異動して、英語ですべての教育をするMBAプログラムを担当することになりました。一期生にカンボジアから来ていたスレイ・ブース（Srey Vuth）さんがいました。

当時僕は三五歳で、スレイも僕と同じくらいに見えました。年齢を尋ねると、「正確には僕もわからないのです」――初めは意味がわかりませんでした。彼が子どもの頃、カンボジアではポル・ポト政権による大量虐殺がありました。スレイの一族郎党も殺されています。妹と二人で田んぼの中を隠れて逃げて生き延びた。映画『キリング・フィールド』そのままの世界を経験した人です。公的な出生記録が全部破棄されてしまい、公式の年齢はポル・ポト政権が終わった後から起算されたとのこと。スレイのパスポート上の年齢は二三歳でした。

彼は当時カンボジアの財務省の官僚で、政府から派遣された留学生でした。とても穏やかな人でしたが、その目には僕がこれまでに見たことのない何かがありました。後で生い立ちの話を聞いて、第一印象で強烈に残った彼のまなざしは、極限の経験をした人だけが持つ凄味だったことを知りました。

彼は単身で日本に来ていました。途中で奥さまが日本に旅行にいらっしゃるということで、ディズニーランドのペアのチケットをプレゼントしました。奥さまが日本にいるうちに一度食事でもしようということになり、新宿のパークハイアットの東京の夜景が一望できるレストランでご夫妻と食事をしました。

レストランに来ると、ブース夫妻は「ちょっとお手洗いに行ってきます」と言ったきりなかなか戻ってこない。どうしたのかなと思っていたら、二人はカンボジアの正式な衣装に着替えて現れました。それは見事なものでした。

その時、僕は、彼が国を背負って日本に来ているということに気づかされました。いろいろなものを失って、なおかつ祖国に貢献しようと覚悟を決めた人間の目。そのまなざしの深さ。おそらく明治維新を支えた日本人も、こういう目をしていたのではないでしょうか。

お会いしたことはありませんが、私淑する高峰秀子さんの書かれたものを読んでも、同じことを感じます。動じない、求めない、期待しない、振り返らないという彼女の生き方には、何かを捨て去った人だけが持つ凄味を感じます。きっと深いまなざしをしていらしたのだろうと想像します。

この正反対にあるのが、オーラを一生懸命出そうとしている「オラオラ」の人です。「俺は凄いんだ」と気張るのですが、そんなものはすぐに見抜かれます。オーラとオラオラはひとつの次元の対極にあります。オラオラを強めるほどオーラを感じないという皮肉なことになる。オーラやカラフルさや凄味のある人ほど、自分が他人からどう思われるかには興味がないものです。

第9章　「なり」と「ふり」

婚活に見る獣性

石神賢介さんがお書きになった『57歳で婚活したらすごかった』（新潮新書）という本を読みました。五七歳の著者が、マッチングアプリや結婚相談所、婚活パーティーといった婚活システムを使っていろいろな人と知り合っていくルポルタージュです。

著者はマッチングアプリで知り合った四一歳の女性と実際に会って結構意気投合し、R&Bの来日アーティストのライブに行く約束を取りつけます。高価なチケットを用意した著者は、約束の日が近づいてきたので彼女にＬＩＮＥで連絡をします。ところが待てど暮らせど返事がない。ある日、「しつこいです。もう連絡しないでください。無理です」というメッセージが来ます。相手の気を悪くするような心当たりはありません。それでもぐっと堪えて、「失礼しました。もう連絡はさしあげません」というお詫びの連絡を入れます。翌朝、目を覚ました石神さんのスマホには、「連絡すんなって書いてあんの読めないのかよ。老眼鏡つけとけよ。てめーからＬＩＮＥくるだけでゾッとして不眠になるわ。クソ老人！」——

罵倒のメッセージが届くのでした。

本書はこういうドタバタ劇をコメディー風につづっている婚活体験記です。著者の石神氏は本職がライターなので、文章は読みやすく、構成もしっかりしています。それにしても、男女双方から獣のような欲望があふれ出て混ざり合い、それをぐつぐつと小鍋で煮詰めたような濃厚なエピソードの連続です。読んでいて眩暈《めまい》がしました。僕がこの歳で婚活に参入したら、果たしてどんなことになるのか。「このクソハゲ!」と罵られまくるに違いありません。想像しただけでも恐ろしいものがあります。

この本を読み終わってから知ったのですが、著者は一〇年前に『婚活したらすごかった』(新潮新書)という本を出しているのでした。懲りずに五七歳でもう一回やってみたのが『57歳で婚活したらすごかった』ということです。

婚活キャリア十分の著者の結論は、「タイプはそれぞれ違っていても、出会った女性たちは例外なく現実的だった」——結婚は現実生活のど真ん中にある意思決定ですから、現実的であることはまったく問題ありませんし、むしろそうあるべきです。問題は現実的過ぎるところにある。これは民主主義が機能し過ぎるとポピュリズムになるという成り行きと近似しています。

マッチング形式の婚活サイトでは、申し込み状況が可視化されます。この数字に徹底して現実的な傾向がはっきりと浮かび上がってきます。申し込みが多い男性はとにかく高収入であることが第一で、次に重要なのが容姿。年収第一、容姿第二という女性の優先順位ははっきりしている。ちょっとカッコよくても、年収三〇〇万円だと申し込みは少ない。反対に、容姿がそんなに芳《かんば》しくなくても、年収一〇〇〇万円以上ならかなりの人気になる。裏を返せば、年収や容姿以外の要素が捨象されてしまうということです。情報量が非常に多いはずのインターネットほど、実は限定的な情報しか伝わらないというパラドックスが見て取れます。

一方の男性は、女性の収入はあまり気にしない。あくまでも容姿重視。次に若さ。奉仕型の女性を求める男性が圧倒的に多い。女性の側も自分が癒やし系であるということを積極的に主張する。女性の挙げるキーワードとして「甘えん坊」とか「古風」というのに男は弱い。そういう人に申し込みが集まります。

要するに、令和の時代になっても、男と女の平均的な本性というのは変わらないということです。婚活という場においては、人間はその本能である「獣性」をむき出しにする。女性はお金がある男性との余裕のある生活を望み、男性のほうは若くて容姿がいい女性と結婚したい。需給がイヤというほどかみ合っています。

女性はとにかく自分を大事にしてもらいたい。ひたすら高価で豪華な食事を求めます。

で、がつがつ食べる食べる。著者の年齢が年齢なので、相手もそれなりの人生経験がある人たちなのですが、わりとすぐに性的関係になるのもスゴイ。人間もまた動物であるとつくづく思わされました。

スペックの誤謬

石神氏の本には明らかに壊れているような女性も登場します。もちろんこの本は男性側から見たルポなので、実際には壊れている男性も多々いるのでしょう。著者もエピソードとして面白い例だけを取り上げているので、フツーな人も多いに違いない。

それにしても、です。本書に登場するマイさんという女性、この人はちょっとどうかしている（興味のある方は本をお読みください）のですが、もしかしたら、これほどに壊れている人でも、婚活システム上で獣と化してしまっているだけで、おそらく日常生活ではちゃんと世の中と折り合いをつけて生きている大人のはずです。普通の社会の文脈で会う時には、普通の人なのでしょう。人間の奥深さに戦慄を覚えます。

問題は婚活者の人格にではなく、婚活システムの設計にあります。マッチングアプリやマッチングパーティーのように人工的に設計されたシステムには、極端なメリットとデメリットがあります。メリットは、偶然の出会いと比べて、知り合う相手が飛躍的に増えるということです。しかも、相手についての情報量も多い。インターネット上でのマッチングは文明の利器であり、こういうシステムを使うのは合理的な行動ではあります。

一方のデメリットは、目の前にあまりにも多くの選択肢が広がってしまうがために、比較の次元が年収とか容姿に固定されてしまうということです。結婚という意思決定では、本来は相手の総合的な人格とか全体的なありようが問題になるはず。ところが、婚活システムはその人の総体を要素に分解してしまいます。相互に比較可能な特定少数の次元で優劣をつけて、評価したくなるようなシステム設計になっている。これが非常に現実的と言えば現実的、頓珍漢と言えば頓珍漢な人間悲喜劇が生まれる背景だと思います。

婚活サイトにプロフィールを提出するとき、でたらめの嘘はつけない。すぐにばれてしまいます。それでも、なるべく自分を良く見せるための「創意工夫」はしたくなる。異性からの申し込み状況が数字で示されると、自分の価値が定量化された気になる。これはSNSのフォロワー数や「いいね」の数と似たネットの特性です。申込件数が少ないと市場全体から価値がないとジャッジされている気になってしまいます。そこでますます創意工夫を凝らす——。

そういう成り行きになるのも理解できますが、一歩引いてみると明らかにヘンなことが起きています。マッチングはコンテストではありません。そもそも、相手によって好みがまちまちだからこそ、マッチングというシステムが必要になるわけです。特定の次元で測定・比較できる「優劣」の問題ではないからこそのマッチングです。ところが、実際にシステムに乗ると、優劣を一元的に評価されている気分になってしまう。このねじれに婚活システムの落とし穴があります。

石神さんの本には人間の哀しさを直視させるエピソードが満載なのですが、一方でわりとほっとする話も紹介されています。日本の女性は海外では結構モテる。インターネットの婚活サイトにはクロスボーダーのサービスも多いそうです。

著者が取材したある女性の話が面白い。マッチメーカーを通じてニューヨークの医師のポールという人と出会い、気に入って一緒に暮らしてみた。ところが、ポールには彼女の想像を超えていたことがありました。異様にアイスクリームが好きで、一リットル入りのバニラアイスを毎日一箱平らげてしまう。しかも仕事に出かけるとき、「僕のアイスクリームを勝手に食べてはいけないよ」と必ず念押しする。ポールは仕事もまじめで誠実な人なのですが、一緒に暮らすうちに、だんだんおバカさんに見えてきた。結局一ヵ月で別れた——。

個人的にはこのポール氏は結構イイ人だという気がします。実際僕も若い頃、バニラアイスのバケツ食いをよくやっていました。でも、この女性には合わなかった。つまり、このアイスクリーム一リットル一気食いに、ポールの全人格的特徴が象徴的に表出していたわけです。こういう一緒に生活してみてわかる些細なこと、これがその人の総体を象徴しているというのはよくあることです。こういうことは婚活システムで提示される職業や年収や容姿や趣味といったスペックには決して出てきません。そういうところにその人にとっては大切なポイントがある。当たり前の話ですが、つくづく最後は相性だということです。

相性という全人格的にして極度に総合的な問題は、一緒にゆっくり時空間を共有しないとわかりません。年収や容姿や年齢といった要素に分解して個別の次元で評価していると、相手がまるで不動産の物件のように見えてきてしまう。不動産だって実際に住んでみないとわからないことが多い。人間同士であればなおさらです。人間が不動産物件化してしまう、それが人を獣にしてしまうマッチングシステムの問題点です。

「友達」の章でも触れましたが、人間関係の基盤にあるのは、偶然性、反利害性、超経済性、無利害性です。石神氏の本は、この真実を逆説的に浮き彫りにする奇書です。読後感は別にして、面白いことは間違いない。夏の読書におすすめです。心も体も寒くなります。

品のある人

獣性を言いかえれば「なりふり構わず目標直撃」ということです。これがヒジョーによろしくない。「なり」と「ふり」こそが人間を人間たらしめているというのが僕の考えです。

ありていに言えば「品」です。

徳と並んで品は人間の価値の最上位にあるものです。しかし品格はつかみどころがない特徴です。行動としては非常に穏やかで静かなのに下品な人がいれば、一見下品な行動を取っているのに品を感じさせる人もいる。この辺が微妙なところです。

例えば、僕はテリー伊藤さんに品を感じます。元々はテレビ番組の演出家で、途中からテレビに出るようにもなった方です。僕はテレビを観ないので、著作でテリーさんを知りました。テリーさんが演出した番組もテレビに出ているテリーさんも知りませんが、『テリー伊藤のお笑いバックドロップ』というYouTubeのチャンネルはよく観ています。余生を謳歌するため、やりたいことをゆるりとやっていくというコンセプトで、とにかくバカなことをやったり言ったりしているのですが、なぜか妙に品を感じます。

テリーさんのYouTubeによく出てくるイクラちゃん。井倉光一さんというソウル・シンガーです。イクラちゃんは僕よりも三つ年上の先輩で、僕の地元である鷺沼という町のスターです。同じ町の先輩であるイクラちゃんは若い頃にMoon Dogsというバンドでメジャーデビューしています。僕の所属するBluedogsのバンド名は、イクラちゃんのMoon Dogsにインスパイアされたもので、昔から一方的に敬愛している人です。

イクラちゃんも、見かけや言動はワルなのですが、実際はわりと上品。いつも下品な冗談を飛ばしているのですが、にじみ出る品の良さを感じます。この「にじみ出る」というのが品格の不思議なところです。あまりに微妙なものなので婚活サイトのプロフィールには書きようがありません。

品はあまりにも複雑な概念なので、帰納的にしか接近できません。そこで、自分の知っている範囲で品のある人を思い浮かべてみます。まず浮かぶのは僕の心の師である高峰秀子さんです。しかし残念ながらお会いしたことがない。会ったことがある人で言うと、作曲家で現在は文化庁長官の都倉俊一さんです。ただ、都倉さんは見た目から立ち居振る舞い、言動に至るまですべてが一貫したパーフェクトジェントルマン。あまりに完璧で、凡人の僕には参考になりません。

むしろ一見して性格や言動が上品とは言えないのに品を感じる人――僕のよく知っている人で言うと、同業の先輩の米倉誠一郎さんや安田隆二さん、創薬ベンチャーの所源亮さん、Plan・Do・See という僕のスキな会社の創業経営者である野田豊加《ゆたか》さん――失礼な物言いですが、こうした方々は表面的には決して上品ではありません。それでも長いこと接していると奥深い品を感じます。彼らに共通しているのは、表面的にはまったく謙虚ではないのに、決して偉ぶらずに分け隔てなく誰に対しても同じように接するということ。そして、挨拶がイイ。挨拶をする時の顔はもっとイイ。

僕が言うのも僭越ですが、彼らは自分の弱みや欠点をよくわかっているのだと思います。それを隠さずオープンにしている。人の気持ちがよくわかる。でも人には合わせない。でも、決して人が嫌がることはしない。気前が良くて、いつもテイクよりギブのほうが多い。テイクのことはあまり考えずにギブをしている。

さらに共通しているのは、自分のスキなことをやっていて、人がどう思うかは全然気にしていない。それぞれの原理原則がはっきりしている。一緒にいると、この人はこういう人なんだよなということがすごくよくわかる。これが個人的に知る上品な人の共通点です。

欲望に対する速度

品の良さの最上の定義だと僕が思うのは「欲望に対する速度が遅い」です。もともとは立川談志さんが言ったことだそうです。

この定義は欲望の存在を否定していません。品が良いということは、お釈迦様のように世俗的な欲望から解脱してしまうことではない。普通に欲はある。ただそれをなりふり構わず取りに行かない。欲望が「ない」のではなく、あくまでも欲望に対する速度が「遅い」ということです。期待がすぐに実現するとは思っていない。自然な流れの中でうまくいくことも、いかないこともあるわけで、それをじたばたせずに待っている。慌てず騒がずなりふりを大切にする、これが上品な人だと思います。

欲望に対して速い人は、欲望に向かって突進し、状況によってなりふりかまわずアプローチを変えます。上品な人は相手が近づいてくるのを気長に待っている。状況とか相手に応じて自分を変えません。ゴルゴ13というキャラクターもまた品格を感じさせるのですが、あの人にしても自分からは動かずに、クライアントの依頼が来るのを待っています。仕事になると、決してやり方を変えません。

友人のKさんは、僕が知る中で極めて品の良い一人です。Kさんは個人で企業や事業のコンサルティングをしています。大きな成功を収めた仕事がいくつもあるのですが、絶対に自分の名前や顔を表に出しません。評判を知った人が仕事を頼みに来ても、ほとんど受けずに自分に合う仕事だけを選んで受ける。いつも静かに微笑んでいる。柔和なゴルゴ13です。

Kさんご夫婦は、自宅とは別に逗子マリーナのいい感じの古いマンションを持っていて、週末はそちらで過ごすことが多い。そのマンションを買う前に、彼は一年間逗子マリーナに実際に部屋を借りて実験的に住んでみたそうです。実際に生活してみて、周辺の町も含めて、どういうところが良くてどういうところに問題があるのか、たくさんあるうちどの棟のどのあたりの部屋がいいのか、ゆっくりと検討したうえで、購入を決めた。欲望の実現がインスタントでないところが、品を感じさせます。なぜ速度が遅いのかというと、プロセスを楽しんでいるからです。プロセスを楽しんだうえで手に入れたほうが、喜びもまた大きくなる。

創薬ベンチャーの所さんと一緒にいると、僕まで欲望に対する速度が落ちてきます。新薬の開発は飛び切りハイリスクなビジネスです。僕は昔から所さんの会社にごく少額ながら投資をしています。所さんは僕に会うと「おまえ、金持ちになる準備しとけよ」と言います。「いきなり金持ちになると、体壊すから」と言われ続けて二〇年、いまだに一度もリターンは発生していません。でも、所さんとときどき会って、事業の話やそこから派生する雑談をしているプロセスが楽しい。所さんの欲に対するスローなスタンスが感染してきます。最近では、いっそのこと全部パーになったほうがさっぱりして気分がイイのではないかという気すらしています。

潔さ

「欲望に対する速度が遅い」は時間軸に注目した上品さの定義です。これを空間軸で見ると、上品であることの中核には、潔さがあると考えています。さまざまなオプションの中から何かを取るためには、必ず何かを捨てなければなりません。決して全部を取ろうとしない。これが潔さです。婚活がせっかちになるのも、オプションが多過ぎるからだと思います。

現実には「総取り」はありません。捨てることについてはきっぱりとあきらめて、執着しないのが上品な人です。上品さは、欲がないということではなく、むしろすごく欲がはっきりとしているとも言えます。だからこそ、それ以外には無頓着になれる。潔さのメカニズムはそういうことだと思います。

高峰秀子さんは戦前戦後一貫して主役を務めた大女優ですが、「監督の道具に徹する」が彼女の仕事哲学でした。割り当てられた役をやるだけ。その意味では女優は小道具と同じ。スターの座などというものには一切頓着しません。三〇歳で結婚した後は仕事をばんばん減らす。人生の後半は随筆家として、自分の思い通りに生きる。生活がどんどん簡素になっていく。豪華なモノに囲まれた昭和の映画スターの生活とは対極です。映画に何の未練もない。この潔さこそ、品格です。

高峰さんがおっしゃっていたそうですが、自分の家には、自分が気に入らない物はひとつも置いていない。気に入った物だけを使い続ける。その物についての記憶が蓄積してそれが自分にとっての価値になる。これこそ上品な暮らしです。

品がいい大スターで多くの方が思い浮かべるのは、高倉健さんだと思います。高倉健さんは生前「仕事を選ぶ基準は何ですか」と問われて、「二つだけです。ギャラがいいこと、拘束時間が短いこと」と即答しています。これも実に潔い。仕事を厳選して、引き受けた仕事は全身全霊で打ち込む。さまざまな高倉健伝説がありますけれども、死ぬまで私生活は見せませんでした。徹底してなりふりにこだわる姿勢こそ、高倉健さんの品格だと思います。「嫌いなやつから嫌われるのが大好き」。サントリーホールディングス社長の新浪剛史さんの言葉です。ここにも品格を感じます。品がいい人は人の目を気にしない。自分は自分。全員に好かれることなんてないし、自分を嫌いな人からは嫌われてもいい。これも潔さだと思います。

人と比較しない、人は人で自分は自分。自分の欲求がゆっくりと満たされればそれでいい。品のある人というのは、ある意味で空間が狭いのだと思います。あっさり言うと、「足るを知る」です。欲望を野放しにしておくとキリがありません。なりふりを大切に、足るを知る。それが品格だというのが僕の結論です。

僕の家にはお蝶さんという名前のパピヨン犬がいます。犬なので当たり前ですが、彼女の振る舞いは動物的です。枝豆がスキで、夏の食卓で枝豆を食べていると、必ず私にも食べさせなさいと主張してくる。仕方がないので枝豆を与えると、がつがつと食べる。ところが、お腹がいっぱいになったとたんに見向きもしなくなります。実に潔い。「犬すらなお足るを知る、いわんや人においてをや」です。

第10章 リモートワーク

因習と本性

コロナ元年の二〇二〇年の春、いよいよ感染が広がってきて大学院の講義が全面的にオンラインに移行しました。一橋ビジネススクールで僕が担当していたのは通常のMBAではなく、エグゼクティブMBA（EMBA）プログラムでした。対象はビジネスオーナーや執行役員、部長クラスのマネジャーで、ほぼ半数が外国人です。参加者は普段は仕事をしているので、集中講義期間や週末に講義をしています。

韓国や香港、中国や台湾などの近隣諸国で仕事をしている人たちは東京まで月に一度ぐらい通学することになります。彼らの負荷を軽減するために、コロナ前の二〇一七年から一部の講義はZOOMを使ったオンラインでやっていました。オンライン講義のための「デジタルスタジオ」もコロナ騒動以前から稼働していました。コロナ騒動を受けてキャンパスは一時的に全面閉鎖となりましたが、オンライン講義への移行は、以前からやっていることだったのでごくスムーズでした。講義はもちろん、自分の研究業務もすべて自宅でのリモートワークに切り替わりました。

考えてみると、僕の仕事はコロナ騒動があろうとなかろうと、オンラインであろうとオフラインであろうと、そもそも一人でやるものです。講義は基本的にソロの仕事ですし、勉強したり書いたりする仕事はなおさらです。大学のオフィスも個人の研究室なので、同じことを家の仕事場でやっているだけの話です。僕にとって、リモートワークは極めて連続したものでした。

二〇二〇年四月の最初の緊急事態宣言以降はリモートワークがさらに加速し、ほとんどすべての仕事を家でやるようになりました。大学の会議はリモート、企業との打ち合わせもリモート、社外取締役をやっている企業の取締役会もリモート、講演やセミナーといった仕事もリモート。実際にリモートワークを始めてみると「ま、楽だな」――毎日の通勤がありませんし、現場に行く必要もなくなりました。しかも、物理的に離れている用事が連続して入れられるので、スケジューリングの制約がぐっと緩くなりました。

リモートワークのための投資も軽微なものです。自宅の仕事部屋に大型モニターのデスクトップPCを入れ、マイクと外部スピーカーを用意したぐらいです。ZOOMを使うと通信データ量が大きくなってワイヤレスだと少し不安定だということに気づき、追加でLANケーブルを買いましたが、一〇メートルで六〇〇円。最低限必要な仕事の道具を大学の研究室から自宅の仕事場に持ち込み、リモートワークはすぐに定着しました。

自分の経験を振り返っても、人間は本性に忠実な生き物であるとつくづく思います。コロナ騒動で痛感したのは、本性と因習が似て非なるものだということです。会社という物理的な箱があり、職場があって、そこに毎朝決まった時間に行って仕事をするものだ——これは因習です。毎日混み合った電車で通勤するのは面倒だ——こっちは普通の人間の本性です。コロナはそれまで社会に定着してきた因習のいくつかを破壊しました。因習は脆いが本性は強い。それまで抑制されていた本性が因習を突き破って姿を現しました。これがコロナ騒動のもたらした変化のひとつの本質だと思います。

毎日家で仕事をしていると、そもそも研究室というのは何だったのか、とさえ思います。本や資料の物理的なストレージとしては必要なのですが、なぜ毎朝地下鉄でわざわざ研究室に通っていたのか。どっちにしろ一人で考えたり書いたりしているわけです。毎朝通勤していたのが不思議になります。だんだんリモートワークの安楽に味をしめるようになってきました。やがてここに落とし穴があることに気づきます。

効率と効果のトレードオフ

面倒なことをせずにできるだけ楽をしたいというのが人間の本性です。リモートワークの効率の良さは明らかですが、場合によってはパフォーマンスを阻害することもあります。リモートとリアル、どちらがその仕事にとって有効なのか。この見極めと使い分けが大切になるということに、半年も経つと気づかされました。

その人のタイプや仕事の中身によって基準は異なると思いますが、ごく形式的ないし事務的な会議というのはどう考えてもリモートが便利だと思います。僕の仕事で言うと、大学の教授会のようなフォーマルなミーティングはリモートのほうがありがたい。

実質的な仕事の打ち合わせやミーティングはどうか。先方が事前に概略の説明をしておきたいというような、一方が他方へ一方向的な話をする場合は、リモートで不都合はありません。しかし、ある程度議論が必要な打ち合わせは、リアルのほうがやはり優れている。インタラクティブなやりとりになってくると、リモートは効率はいいのですが、効果のロスが大きくなるというのが僕の実感です。

それ以上に重要なこととして、リモートだとアタマの動きがどうしても抑制される気がしています。例えばメディアの取材を受ける場合、基本的に僕からお話をすることになります。それほどインタラクティブではないのですが、リアルに対面して話をするのと比べてなぜか調子が落ちる。PCの画面上では相手の顔が見え、声もよく聞こえます。それでも、相手が目の前に実在していないと、どうも脳の動きが緩くなる。対面でやった場合と比較すると、できあがった記事のクオリティーには違いが出てきます。そのうちメディアの人々の間にもそうした共通認識が広がったからか、二〇二一年になると「できればリアルで……」という依頼が多くなりました。

講義や講演については、これまで散々リモートでやったうえでの結論として、断然リアルに軍配が上がります。コロナ騒動が始まって以来の変遷をたどると、第一期は「全キャンセル」です。二〇二〇年の四月頃はすべての講演やセミナーがとりあえずキャンセルとなりました。この時期は本の執筆に集中していました。

第二期は「自宅からオンライン」。二〇二〇年七月にはすっかりオンラインセミナーが普通になりました。自宅の仕事場がフル稼働していました。すぐに気づいたのですが、オンラインで長時間話すとやたらと疲れます。疲れるどころか、初めの数ヵ月は気分が悪くなりました。徐々に慣れましたが、リモートで画面に向かって延々と講義や講演をするというのは人間にとって相当に不自然な行為なのでしょう。

二〇二〇年の秋頃からの第三期になると「スタジオからオンライン」というやり方が増えました。あちこちにスタジオができ、そこからリアルタイムで配信したり、事前収録をするというやり方が一気に広まりました。この変化は驚くべきスピードでした。ホテルなどの会議室がガラガラになったので、そこに機材を持ち込んでスタジオに仕立てて収録するというパターンもよくありました。オンライン環境が整い、こちらとしてもずいぶんやりやすくなりました。

「ステージからオンライン」が始まったのが二〇二一年春頃からの第四期です。それまでは小さなスタジオだったのですが、そのうちにオンライン講演のためにわざわざステージを組んで配信するというケースが出てきました。大きなホールに立派なステージを組んで、大量のスタッフを投入するという、リアルの講演会さながらのものもありました。

やっていて面白いことに気づきました。スタジオで座って目の前にあるカメラに向かって話すよりもずっと調子が上がるということです。リアルなセミナーではないので聴衆はいないのですが、ステージに立って話すと言葉の出方が違うと実感しました。

第五期が「オフラインへの回帰」です。オミクロン株の感染が一気に広がり、一時的にオンラインに戻りましたが、二〇二一年の終わり頃から完全にオフラインでやる機会が徐々に戻ってきました。オンラインの決定的な難点は相手からの反応がないということです。久しぶりに一橋講堂でフルにお客さまを入れて講演をしたときは絶好調で、リアルだとこんなに話しやすいものなのか、と自分でも驚きました。目の前に聞いてくれる人がいるということが、こんなにありがたいものなのかということを痛感しました。

大学院も二〇二一年からリアル講義に戻りました。久々に教室での講義をやった後はぐったりとしましたが、心地良い疲れでした。リモートでも各種ツールを使えばインタラクティブなディスカッションもグループワークもできます。しかし、リアルな講義ではディスカッションのノリがまったく違う。どんなにハードウェアの性能が改善されても、ソフトウェアの一覧性やインタラクティブ性が向上しても、埋まらないギャップだと思います。

やる側からすると自宅からのオンラインは確かに楽です。かえってこっちのほうがイイかな、という気になったこともあります。ただし、これまでの推移を振り返ると、相手がどう思うかは別にして、オフラインのほうが（主観的には）間違いなく仕事の質が上がります。ようするに、効率対効果という古典的なトレードオフです。

コロナ騒動が収まった後も、さまざまな仕事でオンラインという選択肢は残ります。これは僕の仕事が試されるということでもあります。便利だし、移動もしなくていいし、効率の良いリモートでやってくれ――お客さまがそう思うのであれば、しょせん僕の仕事の価値はその程度のものだったということです。

スキルのコモディティ化

リモートワークになったことで、さまざまな仕事や生活のデジタル化が前倒しで進みました。そこで使われている技術自体は以前からあったものがほとんどです。従来の因習で普及が進まなかった技術が一気に広まり、日本社会の非効率が多少なりとも解消されたのはコロナの最大の恩恵だと思います。

行政などの公的なサービスのデジタル化がなかなか進まなかったひとつの理由（というか建前）は、俗に言う「デジタルデバイド」にありました。デジタル技術を使える人と使えない人がいる。公平なサービスが難しいというのですが、こうした議論には二重の意味で誤謬があると思います。ひとつは、完全な代替と選択肢の追加を混同しているということです。「オンラインでも可」という選択肢を増やせばいいだけです。

もうひとつは、技術がどんどんユーザーフレンドリーになっているということです。ふた昔前であれば、情報技術を使ってデジタルなコミュニケーションができるのは、ちょっとしたスキルでした。しかし、デジタル技術はユーザーにとって今やそれほど難しいものではありません。慣れれば使えます。そもそもデジタルのツールやテクノロジーは、「誰でも使える」を最大の目標に開発されています。スマホの上で指先を動かすだけ。特段のスキルは必要ありません。単に慣れの問題です。

あらゆる情報技術は基本的に人間のスキルをコモディティ化する方向に進化します。経済学者のポール・クルーグマンはこう言っています。「情報社会を予言した人はどうやら経済の基本を忘れてしまったらしい。情報があふれかえった社会では、情報そのものに市場価値はほとんどない。一般的に言って、経済が何らかの行為について極端に巧妙になると、その行為の重要性は上がらず、下がるものだ」。

ジャーナリストのデイヴィッド・グッドハートは著書『頭 手 心』（外村次郎訳、実業之日本社）の中でこう主張しています。この数十年、認知能力に基づく「頭」の仕事に社会的・経済的評価が集中し、「手」仕事と人のケアをする「心」の仕事がないがしろにされてきた。しかし、ここにきて潮目が変わってきた。情報技術やＡＩ（人工知能）の発達で、銀行の融資担当者の業務はシステム査定に代替され、ニューヨークの世界的ローファームは、これまで年間報酬一〇万ドルだった仕事をフィリピンの法科卒業生に一万五〇〇〇ドルで発注するようになった。大手会計事務所のＥＹも二〇一五年から新入社員の採用条件から大卒資格を外し、コミュニケーション能力や協調性、対人適応能力を重視するようになった。コンサルティングファームや銀行もこれに追随している。これからの世の中で、もっとも価値がありそうなのは、頭の認知能力よりも他者に対する共感や関係構築などの社会的能力なのではないか。医療にしても、診断や解決策を見つける臨床能力は相当程度まで技術に代替されるけれども、患者にしてみれば自分の気持ちや状況を理解してくれる医師から直接助言を聞きたいことには変わりはない――。

インターネット以前のアナログ時代と比べて、現在では桁違いに多くのオンラインメディアが情報を発信しています。その結果、何が起きたか。人々の文章を書く能力が著しく劣化しました。僕自身がその業界にいるからよくわかるのですが、この傾向は間違いありません。PCとネットが誰にでも使え、コピー&ペーストし放題ということになると、人間の本性からして文章を「サクッと」書くようになります。すぐにクリックして別のページに行けるので、読者にしてもじっくり文章を読む機会は減る一方です。スマートフォンの限られた面積のモニターで隙間時間に読む（というより見る）文章です。書き手は文章を練り上げようとはしないし、読むほうもそれを求めていない。この悪循環で、どんどん文章の質が下がっていくという現象が起きています。

これと同じように、リモートワークが進んでいくほど、生身の人間を相手にしたコミュニケーション能力は劣化していくのではないか。だとすれば、リアルなコミュニケーションが得意な人の価値は、これからどんどん上がっていくかもしれません。ここいちばんというときにはオフラインで上質なコミュニケーションがとれる。これはスキルというよりもセンスの問題です。スキルのデフレとセンスのインフレは中長期的に続くメガトレンドだと思います。

もし仕事にとってもっとも大切なものをひとつだけ挙げろという無茶な質問をされたら、僕は人間洞察だと答えます。リモートワークは、直接・間接、意識的・無意識のうちに人間の人間に対する洞察能力を毀損する面があります。人間洞察のセンスは仕事をするうえで今まで以上に大きな価値を持つようになる、というのが僕の見解です。

「リモート」より「ワーク」

最近は若干下火になったような気もしますが、この数年でもっとも注目されている技術がＡＩ（Artificial Intelligence）です。しかし、ＡはあくまでもＩにかかる形容詞です。「人間の仕事がＡＩに代替され、雇用が減少する」といったＡの話が関心を集めていますが、形容詞の前にＩ（知能）とは何かを考えてみる必要があります。

ＡＩの研究者である松田雄馬さんの『人工知能はなぜ椅子に座れないのか』（新潮選書）を面白く読みました。松田さんは「人間の知能とはそもそも何なのか、その本質を考え直す機会を提供してくれるのがＡＩだ」と言います。何十年も前、ＡＩの概念が出てきた当初から「強いＡＩ」と「弱いＡＩ」という議論がありました。強いＡＩはＳＦ小説が素朴にイメージするＡＩで、意図や意思、目的意識や自己認識、極端に言えば精神を持ち、人間に取って代わるような存在です。弱いＡＩは意思や自己認識を持たず、人間がやることをサポートする道具としてのＡＩです。

論理的に言って強いＡＩはいつまで経っても出現しない、というのが松田さんをはじめとする研究者の結論です。むしろ重要なのは、ＡＩがさまざまな用途で使われるようになると、ＡＩにできないこともまたはっきりしてくるということです。そこに本来の知能の本質があるということがわかってきた。ＡＩという鏡に映せば、人間の知能に対する理解が深まります。

この論理はリモートワークについても当てはまります。昨今では「リモート」という形容詞ばかりが取りざたされていますが、そもそも「ワーク」とは何か。リモートワークは仕事の本質を考え直す絶好の機会を提供しています。

リモートワークはオフィスワークを前提にしています。リモートワークの議論に関心を持つ人の多くはオフィスワーカーでしょう。リモートワークが社会に定着すると、オフィスワーカーの新しいカテゴリーみたいなものが出てくるかもしれません。昭和の新卒就職市場では、総合職と一般職というカテゴリー分けがありました。今でも金融機関などの仕事には、フロントオフィスとバックオフィスといったカテゴリーがあります。これと同じように「リアル職」と「リモート職」というカテゴリーが出てきて、これが労働市場のボキャブラリーになるかもしれません。「リアル職募集」「この仕事はリモート率七〇％です」とか、そういうことになっていくような気がします。

しかし、コロナ患者に対応する医療の前線にいる人々にしてみれば、リモートワークでは仕事になりません。工事現場で仕事をしている人、工場の生産現場や介護の現場で仕事をしている人、生活のインフラを支えている物流で仕事をしている人、お店で仕事をしている人たちにしてもそうです。「リモートワークの消防士」では火は消せない。完全リモートの交番は頼りになりません。

リモートでは仕事にならない仕事というのは世の中にたくさんあるわけです。「これからはリモートワークだ」と言っても、その範疇に入る仕事というのは現実にある仕事の何割ぐらいなのか。僕を含めたオフィスワーカーがイメージしているよりもわりと小さいのではないかと思います。情報技術の利用が本格化し始めていた二〇〇六年、イギリスのゴードン・ブラウン財務大臣は、イギリスに存在する「高度なスキル」を要しない仕事の数が二〇二〇年までに六〇万まで減ると予想しました。しかし、二〇二一年になってもその数は八〇〇万もあります。

考えてみれば、完全にリモートで完結する職業は、小説家とかフリーランスのソフトウェアエンジニアとか、かなり特殊な仕事に限定されています。さらに重要な事実として、この種の仕事はコロナの前からもともと「リモート」だったわけです。静岡県の熱海で暮らしている小説家の町田康《こう》さんと話したとき、ご自身の仕事を「商売繁盛になるほど外に出ずにひきこもるという不思議な仕事」とおっしゃっていました。僕の仕事もそれに近い。一人で部屋の中で考えたり書いたりしているのが大半ですから、リアルもリモートも変わりません。

繰り返しますが、リモートやオンラインが普通になってきた今、僕は自分の仕事の意義や意味が改めて試されていると思っています。「リモートワークをうまくやるためには」といった方法論についての話が盛んな今日この頃ですが、リモートワークの最大の意味は、自分の仕事を再考することにあります。リモートワークになって何が変わり、何が変わらないのかを、一度立ち止まって考えてみることをおすすめします。自分の仕事の価値の正体が見えてくるでしょう。

第11章　失敗

覆水盆に返らず

一言で失敗と言っても、社会を揺るがす大きなものから、電車で一駅乗り過ごすといった些細なものまで、中身はさまざまです。僕が従事しているのは、一人でやっている家内制手仕事です。売っているものは考えごと、利害や責任はさほど大きくはありません。これが会社経営となると、納期や品質基準を守らないとお客さまに多大な迷惑がかかるとか、従業員やサプライヤーにお金が払えなくなる、といった強い利害と責任があります。それと比べると、僕の仕事はいたって気楽です。仕事をしくじったとしても、「もうあいつには頼むな」とか「出入り禁止にしろ」――自分の評判が悪くなるだけ。他の誰かに決定的な損失を与えてしまうようなことは少ない。責任ある重い仕事をしている人からすると、僕の失敗についての認識は軽くて甘いかもしれません。

絶対悲観主義を信条とする僕は、大体のことは自分の思い通りにはならないという前提で仕事をしています。実際に多くのことがうまくいかないのですが、それは失敗ではなく「平常」です。失敗から立ち直るための回復力も必要ない。繰り返しになりますが、「GRIT無用、レジリエンス不要」、これが絶対悲観主義の絶対的にイイところです。

絶対悲観主義生活が長くなると、むしろうまくいかないことを積極的に楽しめるようになる。「ああ、やっぱり外したか」というときのじわじわとくる格別な感情を、じっくりと味わえるようにしています。「そう甘くはないよな……」とつぶやきながら、たばこを取り出して吸おうとすると、目の前に「喫煙厳禁」という看板がある。前にもお話ししたように、これがたまらなくイイ。

人から威張られるのも僕はわりと平気です。むしろスキと言っても過言ではありません。初老に入りつつある今日この頃はそういう機会も少なくなってきましたが、若い頃は目上の人に威張られることがしばしばありました。武勇伝を聞かされながら、「おまえはまだまだだ！」とがんがん説教をされる。これは僕にとってはある種のエンターテイメントです。アルバート・キングの哀愁に満ちたブルース・ギターを目の前で聴かされているような感じがします。

いじめられるのもわりとスキ。いじめてくる人というのは、必ず何かしらツライことがあるわけです。いじめられながらそれを想像すると、これまたなかなか味わい深い。威張りといじめのブラックホール。僕は多くの人が忌避するものを積極的に吸収しているわけで、これはある意味で社会的善行なのではないかという気がします。

そんな体質のせいか、僕は打たれ強いと思われている。例えば、大学を代表してフォーマルにお詫びをしなければならない、そういう業務もたまに発生します。そういうときには、みんなが「おまえ行ってこい」という感じになる。初めてそういう役割を仰せつかったときに、とっさに出たのが「申し訳ございません。頭を丸めてまいりました」というお詫びのフレーズでした。これが結構ウケた。「前から丸まってんじゃねえか」と返されて、「いえ、いつもより強めに丸めてまいりました」と言うとさらにウケた。それ以来味をしめて使っています。

先日もこのフレーズを使いました。その日は、朝七時からわりと（僕にとっては）ハードな仕事がありました（つまり、普通の人にとっては普通の仕事）。終わったのが午後二時半。かなりへとへとになったので、家に帰って昼寝をしました。二時間気持ちよく寝て、四時半に目が覚めてメールをチェックすると、表題に「来ないんですか」というメールが入っています。びっくりしてスケジュールを確認すると、その日の三時半から五時半まで別の仕事が入っていました。

手帳に予定を記載するのを忘れるという凡ミスで、重要度の高い仕事に穴を空けてしまいました。覆水盆に返らず。起きてしまったことは仕方がない（←自分で言うな）。とりあえず先方に電話し、平謝りに謝ったうえでリスケジュールしていただきました。この失敗でこれまで積み上げた信用をすっかり取り崩してしまいました。延期していただいた当日、関係各氏がおそろいになったところで、改めて全力で謝罪。「このたびは誠に申し訳ございません。せめてもの誠意をと、新しいバリカンでいつもより強めに頭を丸めてまいりました」。

僕はそんな感じで失敗とカジュアルにつき合ってきましたが、やはり世の中そう甘くはありません。しばらく前に決定的な失敗をしでかしました。

気づかなかった大失敗

打ち合わせを飛ばしてしまった件で、僕の評判は大いに悪くなりましたが、原因はシンプルです。こういうミスを繰り返さないために、手帳へのスケジュール記入は気を引き締めてやろうと決意した次第です。

そんな僕でも、「ああ、本当の失敗とはこういうものなのか」という大失敗をしでかしたことがあります。失敗は平常状態と受け止めていましたが、このときばかりは事情が違いました。GRIT無用の僕にとっても、心にグリッとくる出来事でした。

この失敗がどういうものなのかは、ここでは書けません。口に出しては言えない類の失敗だとお察しいただければ幸いです。概略だけを言うと、ある人の力になりたいと思ってやった僕の行為が、結果的にご本人に大迷惑をかけてしまった。力になるどころか、足を引っ張りまくる結果になってしまった、という話です。

うかつなことに、自分がそういう失敗を犯しているという自覚がまるでありませんでした。微力ながらその人の力になれたと勝手に思っていたのですが、しばらく後に突然第三者から電話があって、「取り返しのつかないことをやってくれましたね……」という趣旨のことを冷たい声で言われました。そのときに、「え、そうだったんだ」とようやく気がついた。仕事が終わった後ジムでトレーニングをして、サウナに入ってすっかり気持ちよくなって出てきたときに電話がかかってきたので、余計にインパクトがありました。相手は取り返しがつかない迷惑を被っています。僕としても、その人に合わせる顔がありません。

覆水盆に返らずということでは同じなのですが、レジリエンス不要の僕もさすがにこのときばかりは落ち込みました。そんなときにふと見つけた本が、畑村洋太郎『回復力　失敗からの復活』（講談社現代新書）です。僕のために書いてくれたのではないかと思うタイトル、すぐに購入して読みました。

ご存じの方も多いと思いますが、畑村先生は失敗学の提唱者であり専門家です。数多くの人の失敗と向き合ってきたその道のプロである先生はおっしゃいます。人間は失敗の直後に正しい対応をとることはできない。大きなショックやダメージを受けたときには、風船に穴が空いたような状態になってしまう。本来回復に向けて動いていくためのエネルギーが、その穴からシューっと漏れていく。そういう状態のときにじたばたしても、正しい判断や行動ができない。回復どころかさらに間違った行動に出る。ダメージがさらに大きくなるという悪循環に嵌り、自滅してしまう――大失敗をしでかした直後の僕は、まさにそういう状態でした。

では、どうすればいいのか。畑村先生は、回復力はもともと自然に備わっている力だと言います。失敗直後はエネルギーが抜ける一方ですが、エネルギーが戻ってくると自然と困難に立ち向かえるように人間はできている。エネルギーが抜けている状態のときにじたばたするのがいちばんよくない。遠回りのようでも、エネルギーが戻ってくるのをひたすら待つのが最善の策、ということです。

僕のケースでもそうだったのですが、失敗した本人はできるだけ早く汚名を返上したいと思う。何とかして、一部でもいいから損失を取り返せないかと考える。だから、中途半端な状態で動き出して、さらに悪い状態に陥ってしまう。ここに問題があります。立ち向かうエネルギーがないときに頑張るのは自滅行き特急列車に乗っているようなものです。

頼りになるのは「待つ力」です。何をやってもいい。逃げてもいい。人のせいにしてもいい。誰かに愚痴をこぼしてもいい。おいしいものを食べて、酒を飲んで、布団をかぶって寝てしまう。とにかくエネルギーが抜けているときには、何でもいいから気晴らしをしろ、というのが畑村先生の結論です。気晴らしならば得意中の得意の僕は、早速飲酒以外のおすすめを全部やってみました（お酒が飲めないので）。そのうちに受け止める力が戻ってきました。

読者のみなさんの中には、僕よりもプレッシャーのかかるシリアスな仕事をしている人も多いでしょう。『回復力 失敗からの復活』には、宇宙開発事業団で当時理事長だった山之内秀一郎さんの強烈なエピソードが出てきます。宇宙開発事業団は二〇〇三年、H－ⅡAロケット六号機の打ち上げに失敗します。ロケット打ち上げは相当に高い費用をかけて国がやっている事業です。もう失敗は許されない。こうした局面でトップだった山之内さんは、事故が起きた一〇ヵ月後、あまりのプレッシャーで仕事中に気を失って倒れます。診断すると過労死寸前でした。医師から「命と仕事のどちらを選ぶか、今すぐ決めなさい」と迫られ、山之内さんはようやく辞任の決断をします。これはシリアスさの極限です。

失敗をすると正論を振りかざして責め立ててくる人が必ず現れるものです。そんなものを気にする必要はない、と畑村先生はおっしゃいます。たとえその人が言う正論のとおりに行動したとしても、失敗を避けられたかどうかはわかりません。正論は単なる建前論で、何か責めてくる側が主張を正当化するための詭弁であることが多いものです。私見では、世の中をわかっていない幼稚な人ほど、正論を好む傾向があります。一応は正論に耳を傾けているフリをしつつ、受け流しておくほうがイイ。

失敗すると、「こうしておけばよかった……」と必ず後悔に苛まれます。人が自分の失敗をどう思うかが気になります。しかし、そんなことを考えていてもキリがありません。失敗は状況の産物です。場当たり的な判断基準で動いた結果の失敗であれば、いつまでも後悔することになります。失敗は避けられないにしても、ブレない絶対的な判断基準を持つことはできます。ようするに、「お天道様に向かって堂々と話せるかどうか」だというのが畑村先生の見解です。一時的な逃避はいいけれども、ズルやうそをつくのは絶対にいけない。例の大失敗の後、正直に申しまして、保身のためにどうにかズルできないかと僕も思いましたが、畑村先生がそれだけはやるなと言うので、何とか堪えました。

とにかく目の前のできることを、淡々とやればいい。そのうちに時間は必ず過ぎていく。「時間よ止まれ」と矢沢永吉氏は言いますが、ジッサイの時間は止まることがありません。「罪なやつさ、どうやらおれの負けだぜ……」というわけで、ある程度の間まぶたを閉じていれば、時間の経過の中で失敗を冷静に受け止めることができるようになります。

脱力力

大失敗の経験をきっかけに、最近流行りのレジリエンス関連の本をいくつか読んでみたのですが、たいしてグッとくるものはありませんでした。もっと骨太なものを読みたいと思っていたところ、新渡戸稲造『逆境を越えてゆく者へ』（実業之日本社）に出会いました。

「自分はこんなに努力しているのに、社会はなぜ自分を虐待するのか、なぜ自分を受け入れないのか、という言葉はよく耳にする。だが社会は決して虐待しない。自分が虐待されるに値する人間なのである」――新渡戸稲造の言葉は厳しく聞こえます。しかし、全体を通して読み取れるのは「すべては気のせい」という寛《ゆる》やかなメッセージです。

逆境と思うから逆境であり、意識の持ち方でいくらでもそれは善用できる。自分が順境にあるというのもまた気のせい。つい油断すると、すぐに状況は逆境に転じる。ようするに、順境も逆境も実在しない。逆境だと思ったときには、爪先立ちして前を見ろ。肩の力を抜き一歩退いてこの先どうなるのかを考えれば、光も希望もある。人生は長い――新渡戸稲造の結論は「まあ、一〇年待て」。さすがにスケールが大きい。一〇日ほどで立ち直った僕の「大失敗」など失敗のうちに入りません。

回復力は自然に備わっている人間の本性です。もともと持っているものを引き出すだけ。筋力のようにトレーニングで強化する類のものではありません。「回復力をつけよう」とか「強い人間になろう」と思うとますます回復できない。回復力を引き出すカギは、脱力です。脱力《だつりょく》力《りょく》こそ回復力の正体です。

チャップリンの名言に「人生はクローズアップでは悲劇だが、ロングショットでは喜劇だ」というのがあります。ちょっと引いて自分と自分の状況を俯瞰してみる。この視点転換が脱力力の肝だと思います。僕が意識的によくやるのは、時空間を飛ばすという方法です。

ドラマ『全裸監督』で再び注目を集めた村西とおる氏は「死んでしまいたいときには下を見ろ、俺がいる」と言っています。ナイスです。村西監督の名著『ナイスですね』（JICC出版局）は失敗したときに読むのに最適です。もちろん村西監督よりも、もっと苦境に生きている人がいます。「これはツライなあ」というとき、「でも、今まさに空爆を受けている人がいる」とか、「飢餓に苦しんでいる人がいる」と考えると、自分の状況がひどくラクなものに思えます。あるいは時間を飛ばして、「これが戦国時代だったらどうなっただろう」と考える。切腹するまでには至っていないわけで、大体のことは平気になる。新渡戸の言う「気分の問題」にだんだん近づいてきます。

もう一つ大事だと思っているのは、自分の本能に逆らわないということです。大学院生のときに、とにかく研究や勉強が一切イヤになったことがあります。もともと研究に対する志も低いうえに、ひたすら勉強しているだけで「仕事」になっていないので、やる気がなくなると歯止めがかからない。

そのとき僕は、なぜかスキでもないパチンコに行っていました。パチンコをしている間は何も考えないで済みます。これはイイということで、朝一〇時の開店と同時にパチンコ店に入り、閉店の二二時まで一二時間パチンコ台に向かいました。帰りはもはや廃人です。それでもまた翌日、バイクに乗ってパチンコ店に行き、開店と同時に台に向かう。これを毎日繰り返したら、三週間で飽きました。すぐに「よし、勉強するぞ」とはなりませんでしたが、気がつくと元に戻っていました。

人間壁にぶつかったときには、とにかく徹底的に堕ちてみるのも一つの手です。行くところまで行く。「廃人上等！」というところまで一度行ってみると、自然とまた戻ってくる。息をすっかり吐かないと、大きく吸えないということなのかもしれません。

ビジネスや経営において、自信は大切です。ただし、つけ上がるとか油断につながることも多い。自信は裏切ることがしばしばです。しかし、失敗は裏切りません。ここにも失敗に対してノーガードの構えを取る絶対悲観主義の効用があります。

第12章　痺れる名言

名言三条件

世の中には語り継がれる名言があります。例えば、ヘルマン・ヘッセの「真実は体験するもので、教わるものではない」――こうした名言がなぜ心に刺さるのかといえば、本質を衝いているからです。はっとさせられる。言われてみれば誰もが深く首肯するのに言われるまで気づかない。しかも、フレーズが短い。延々と議論を展開して本質を教えてくれる論説ももちろん価値はありますが、名言は短いだけに頭に残る。だから、仕事や生活における実用性が高い。

「本質的」で「実用的」で「短い」。この三条件を満たす言葉が人々の記憶の中で生き続ける名言となるのだと思います。これはと思う名言に出会うと、僕は「名言ファイル」にメモするようにしています。その中からとりわけ痺れる名言をご紹介しましょう。

「人間が引き起こす問題はすべて、一人で静かに部屋に座っていられないことに起因する」。フランスの数学者パスカルの言葉です。あれが問題だ、これが問題だと世の中がいつも騒がしいのは、結局人間は社会的な動物であり、自分の中だけで完結しては生きられないからです。コロナ騒動はその典型です。この名言に触れると、自分の生活や仕事を一歩引いて俯瞰させられます。だとしたら、自分はどうするか。思考と行動が触発されます。

人はみんな幸福になりたい。幸福は人間の最大の関心事ですから、幸・不幸についての傑作名言は多々あります。前に引用したダンデミスの「他人の幸福をうらやんではいけない。なぜならあなたは、彼の密かな悲しみを知らないのだから」やラ・ロシュフコーの「幸福になるのは、自分の好きなものを持っているからであり、他人が良いと思うものを持っているからではない」はつくづく傑作です。

「ただ、幸福になりたいと望むだけなら簡単だ。しかし他人よりも幸せになりたいというのであれば、それは困難だ。われわれは、他人はみんな実際以上に幸福だと思っているからだ」

フランスの哲学者モンテスキューの名言です。すでにお話ししたように、他人との比較が不幸の入口であり、比較からの解放が幸福への出口だということです。

イギリスの文学者サミュエル・ジョンソンの名言に「もしある人が自分の不幸な出来事について話したら、そこには何か楽しんでいるものがあると思って差し支えない。なぜならば、本当に惨めさだけしかないとしたら、その人はそんなことを口にしないだろうから」がありります。自分の身を振り返ってもその通りだと気づかされます。人との会話の中でいろいろな不幸の話も聞きますが、そのときにこういうことなんだろうなと思って聞いていると、人間関係もうまくいく。

名言業界は日進月歩で、今でも次々に多くの人を惹きつける名言が生まれています。例えば、作家の伊集院静さんの「人はそれぞれ事情をかかえ、平然と生きている」。ジョンソンの名言と軌を一にしていますが、はっとさせられます。ついつい忘れがちな当たり前の大切なことに改めて気づかせてくれます。

フランスの政治家のシャルル・ド・ゴールの名言に「国家に友人はいない。あるのは国益だけだ」があります。確かにこれこそが政治家にとっていちばん重要な価値基準です。「しっかり」とか「大胆に」とか「スピード感をもって」とか、そういう副詞ばかりで発言の中身にまるで具体性のない政治家に噛みしめてもらいたい言葉です。

作家のオスカー・ワイルドに「善人はこの世で多くの害をなす。彼らがなす最大の害は、人々を善人と悪人に分けてしまうことだ」という名言があります。人間というものは、ほとんどの場合善悪ない交ぜになっているのに、「これはいい」「これは悪い」と単純に切り分けてしまう。ワイルドの言葉には、「定義するということは限定することだ」というのもあります。対概念のない概念はありません。それが何かを知るためには、それが何ではないかをはっきりさせる必要があります。何をするかではなく、何を「しないか」が意思決定の本質です。これは僕の仕事である競争戦略の基底にある考え方です。

「初対面で人を判断できないのは底の浅い人間だけである」「野心は失敗の最後の避難所だ」「流行とはひとつの醜さの形であり、とても人を疲れさせるので、三ヵ月ごとに変える必要がある」「誰でも友人の悩みには共感を寄せることができる。しかし友人の成功に共感を寄せるには優れた資質が必要だ」などなど、オスカー・ワイルドは他にも数多くの名言を残しています。本当に深い人です。

仕事のスタンス

先人の名言に触れて、「ああ、そうだよな」と共感を覚える。それが仕事の指針として残ることがあります。俳優の森繁久弥は「そんなに大層なことは、この世の中にひとつもない」と言っています。これは僕が仕事をするうえでかなり意識している言葉です。

ポップアーティストのアンディ・ウォーホルも、「それはあまりたいした問題じゃない。私はいつもこの『それはたいした問題じゃない』という哲学を持ってきた」と、似たようなことを言っています。仕事になると、「命を懸けてやっている」とか「死ぬ気でやれ」とか言う人がいますが、本当に死んだ人はあまりいない。「仕事は仕事」と思っていたほうがかえって気持ちよく集中できる。これは大変だという事態に直面しても、「いや、そんなに大層なことではない」と思えば、また切り抜けるアイデアもでてくるというものです。

高峰秀子さんの名言に「言ってわかる人には言わないでもわかる。言わなきゃわからない人には言ってもわからない」があります。自分なりの考えを人さまに提供するという仕事をしていますが、僕は人を説得しようという気持ちを持たないようにしています。人それぞれに考えがある。わかってくれる人がわかってくれればいい、というスタンスです。

アメリカの大実業家のアンドリュー・カーネギーは「笑い声のないところに成功はない」と言っています。僕が話したり書いたりすることは主として経営に関わることが多いのですが、なるべく笑いがあるほうがイイと思っています。笑いの中に真実がある。受け手の側にちょっとした笑いが起きるというのは、その人の頭や心に届いているということです。ただし、「喜劇を演ずる時にみんなが陥りやすいのは、とにかくウケようとすることなんですね。僕は、結果としてウケなきゃいけないと思う」――喜劇俳優の伊東四朗さんの名言です。こうやればウケるのではないかと狙ってやったことは大体うまくいかない。これが難しいところです。

小説家のヘミングウェイは、「心の底からやりたいと思わないなら、やめておけ」と言っています。今ウケそうなことに合わせていくよりも、まずは自分の中にどうしてもやりたいこととか、人に言いたいことがあるのが先決です。前にお話ししたように、最初のサーブ権だけは手放してはなりません。

僕のスキな画家の山口晃さんは「制作とは、だんだんできていく過程ではない。最初に一〇〇あった可能性が、九〇、八〇、七〇と削られていくプロセスだ」と言います。これは僕にとって重要な教訓です。本を作る場合、制作前の頭の中では一〇〇であったものが、言語化する過程で絶対にロスが生じます。これが気になっているうちは、いつまで経っても本は書けません。制作の過程では、何かが必ず削られていくものです。そう思っているほうが仕事が楽になるし、アウトプットも出しやすい。とても実用的な名言です。

ゴッホの名言に、「美しい景色を探すな。景色の中に美しいものを見つけるんだ」があります。僕の仕事でいえば、同時代の多くの人々が関心を持つようなDX（デジタル・トランスフォーメーション）やジョブ型雇用や脱炭素といった同時代の先端的な事象は「美しい景色」かもしれません。こういうテーマを追いかけるのではなく、もっとありふれた景色の中に本質や論理を見つけ出す。僕は自分の仕事に対してそうありたいと思っています。

「さあ、俺も立ち上がるかな。まあ、もう少し座っていよう」。いかにも武者小路実篤らしい名言です。機が熟すのを待つ。これは僕の仕事にとって最重要の原理原則の一つです。周りの人を見て、俺も立ち上がろうかなと思いがちですが、機が熟していなければ、もう少し座っていよう——この構えが結局は仕事の質を高めることにつながると考えています。

劇作家・小説家の井上ひさしの名言は、僕にとっての仕事の理想を凝縮して表現しています。「むずかしいことをやさしく、やさしいことをふかく、ふかいことをおもしろく」——こういう仕事ができたら最高です。仕事の指針としていつも心に留めています。

藤沢武夫のインパクト

名言は僕の仕事である競争戦略についても多くのインスピレーションを与えてくれます。誰が言ったのかははっきりしないのですが、「時計を二つ持っている人は、正確な時間がわからない」——戦略のコンセプトはひとつでなければならないという真理をうまく表現しています。

織田信長の「攻撃を一点に集約せよ。無駄なことはするな」という言葉は戦略の本質を示しています。最近では作詞家の秋元康さんの名言「記憶に残る幕の内弁当はない」があります。さすがにうまいことを言う。

競合他社との違いをつくることが戦略なのですが、なぜその違いが維持されるのか。なぜ競争優位は持続するのか。競争の中で誰かが成功していれば、遅かれ早かれみんなが真似をしてくる。そうなれば競争優位は失われる。競争に宿命的に組み込まれた成り行きです。それにもかかわらず「強いものは強い」という状態が続くのはなぜなのか——一貫して僕の仕事の基底にある問いです。

サミュエル・ジョンソンの「愚行の原因は似ても似つかぬものを真似することにある」は図らずも優れた戦略の本質を衝いていると思います。つまり、真似をするという行為自体が、真似をする側にヘンなことを起こしてしまう。私見では、ここに究極の競争優位のメカニズムがあります。

実際にお会いしたことはもちろんなく、評伝やご著書でしか存じ上げないのですが、藤沢武夫にずっと関心を持っています。本田技研副社長だった藤沢は本田宗一郎と二人三脚で世界的な企業ホンダをゼロからつくった名経営者です。一九八五年の「文藝春秋」の対談記事で、本田は唯一無二のパートナーとの出会いを振り返っています。

> つくることはやるけれど、金よこせって、どうも言いにくいんだな。遠慮するわけでもないのだけれど、なにか、こう、いやなんですね。（中略）どこかに、うまく金のとれる商売人がいないかなと友人に相談したら、商売上手な男がいて、たぶん遊んでいると思うからと紹介してくれた。それで、その人物に浜松のわが家まで来てもらって、うちの女房がつくったソバを二人で食いながら僕の腹の内を話したわけ。

これからは移動性が最大の問題になる。人間が簡単に移動できるということ、つまりスピードがすべてになる。これを仕事にしたいから手伝ってくれと言ったら、よしやろうって……。それで、本田技研という会社を百万円の資本金を出して作りました。（出資比率を聞かれて）どうだったかな。そういうことがわからないんだよ。（笑）それに、どうでもいい。私は、仕事ができりゃいいんだもの。仕事ができて、金を取ってくれさえすれば食えるのだから、ことは簡単なんですよ。（笑）（中略）お金を取ってくれる人ができた。そうすれば、私は一生懸命もっといいものを作る可能性ができたわけなんです。藤沢が来てくれたら、やっぱり確実に売ってくれました。商売人は商売人ですよ。ぼくは本当に舌を巻いた。どうしたら、こんなにうまく金が取れるんだろうと思って、ただただ、感心しました。

創業時は朝から晩まで二人で一緒に働いていましたが、二輪車事業で成功を収めて会社が軌道に乗り出してからは、本田が技術、藤沢が経営という分業体制が自然と出来上がりました。先の対談記事にはこういう一節があります。「藤沢さんが中心になって、商売というか、経営的な決断をされたとき、本田さんはどのような感想をもたれたのですか。たとえば、株式公開の時なんか……」という問いに対して、「そんなのあったかな。おれ関係ない

（笑）」――この頃になると本田と藤沢は話をすることも少なかった。これは名言というよりイイ話ですが、「何で本田さんともっとコミュニケーションを取らないんですか」と聞かれた時、藤沢は「本田とはもう一生分話したから」と答えたそうです。

創業から二五年経った一九七三年、もう次世代に経営を譲るべきだと考えた藤沢は経営から身を引く決意をします。本田もまた「おれは藤沢武夫あっての社長だ。副社長が辞めるなら、おれも一緒。辞めるよ」と決断します。株主総会で退任が公式に決まったとき、本田は藤沢に「まあまあだったな」。それに対し藤沢は「そう、まあまあさ」――これはこれで痺れるやりとりですが、さらにグッとくるのは、この後二人は公式の席で会うことはなかったという事実です。

一九七三年の出来事ですから、まだ二人とも十分に若い。本田宗一郎はとにかく魅力的な人ですから、その後もいつも周りにいっぱい人がいて、彼を慕う人々が頻繁に自宅に出入りしてワイワイやっていたそうです。しかし藤沢はそういう場所には一回も行かなかった。「何で藤沢さんは、本田さんの集まりに行かないんですか」と聞かれて一言、「趣味じゃない」――これには唸りました。これぞスタイル。その人に固有の価値基準こそが人間にとっていちばん大切なものであり、その人をその人たらしめているものだということを、一言で鮮烈に物語っています。

藤沢武夫は僕にとってたまらなく魅力的な人なのですが、彼の名言に「私は経営学など勉強したことがない。何冊か手に取って読んだことはあるが、結局その逆をやればよいんだと思った」があります。もし藤沢さんに読んでもらったとして、「まああだったな」と言われる本を書きたい――氏の名言に接して以来、これが仕事の目標になっています。

藤沢は「経営はアートであり、演出の基本は意外性にある」という言葉も残しています。戦略の本質を凝縮した言葉です。この言葉から僕が受けた影響には重大なものがあります。

うまいこと

名言とはちょっと違いますが、僕の大好物のジャンルである「うまいこと」の傑作についても紹介しておきます。ある種の本質はとらえてはいるのですが、それよりも言語的な快感のほうが大きいフレーズ、それがうまいことです。

名言王サミュエル・ジョンソン曰く「釣り竿は一方に釣り針を、もう一方の端に馬鹿者を付けた棒である」――うまい。藤沢の言うように、演出の基本は意外性にあります。これが快感を呼ぶ。

フランスの女優カトリーヌ・ドヌーヴ。「イタリアの男は二つのことしか考えていないわ。一つはスパゲティーのことね」――省略の快感があります。

アメリカの自動車会社フォードの創始者ヘンリー・フォード。「自分で薪を割れ。二重に温まる」――名言にして相当のうまいことでもあります。ドイツの詩人ゲーテは「焦っても何の役にも立たない。後悔はなおさら役に立たない。前者は過ちを増し、後者は新しい後悔をつくる」と言っています。これもまた名言にして一級のうまいことです。

うまいことの妙味は言葉の展開の面白さにあります。オスカー・ワイルド曰く「私は信条より人間を好む。そして、信条のない人間をこの世でもっとも好む」――ダメ押しがうまい。

トルストイ。「誰もが世界を変えたいと思うが、誰も自分自身を変えようとは思わない」――人間の本質を抉り出すうまいことです。「変革だ！」と言う人ほど自分を変えようとしない。

中国の小説家魯迅《ろじん》は「自由はもちろん金で買えるものではない。だが、金のために売り払うことはできる」と言っています。イタリアの彫刻家ミケランジェロは「些細なことが完璧を生む。しかし、完璧は些細なことではない」――いずれも対比が効いています。最初の振りをすぐにひっくり返す。うまいことの王道です。

経営学者のドラッカーは数々の名言を残している人ですが、文章自体はわりと教条的です。その中では「元々やらなくてもいいことを効率よく行うほど、無駄なことはない」は、わりとうまい。身も蓋もないというパターンです。それと似た例が、モンテーニュの「私がもっとも恐れるものは、恐れである」――確かにそうだよなとしか言いようがありません。それでいて、深い。

投資家のウォーレン・バフェットは、現役の名言王です。その言語センスにはほれぼれします。「われわれが歴史から学ぶべきことは、いかに人々が歴史から学ばないかということだ」――名言の持つ本質要素と、うまいこと要素の両方を最高度で兼ね備えた傑作です。この言葉は、しばらく前に書いた『逆・タイムマシン経営論』（日経ＢＰ）の主題となりました。

うまいことはしばしば文脈に依存しています。漫画家の蛭子能収《えびすよしかず》氏が賭博で捕まったときのコメント、「ギャンブルは二度とやらない。賭けてもいい」――うまい。

一九八一年のレーガン米大統領（当時）暗殺未遂事件のときのエピソード。弾丸摘出の緊急手術の前に医師たちに向かって大統領は一言、「ところで君は共和党員だろうね」。執刀外科医は民主党員だったのですが、「今日一日はみんな共和党員です」――シリアスな局面にもかかわらず、当意即妙のフレーズの応酬で周囲はリラックスしたと言います。

とりわけ政治家にはこの種の言語的センスが求められます。田中角栄の「政治は数、数は力、力はカネ」という露骨なスタイルは、その後長期にわたって日本の政治に多くの悪影響を残しました。それでも、僕はこの人を政治的天才と認めるにやぶさかではありません。「うまいこと力」では間違いなく傑出していました。

時は鈴木善幸政権。角栄はロッキード疑獄と金脈問題で退陣した後、最大派閥の田中派を率いて「闇将軍」として隠然たる力を発揮していました。鈴木内閣が田中角栄の傀儡にして言いなりだったことは誰の目にも明らかでした。「直角内閣」とか「角影政権」（これはこれでうまい）と揶揄されたものです。「鈴木首相は実は田中派だという声すらありますが……」（鈴木はもちろん鈴木派の領袖）という記者の突っ込みに対しての田中角栄の切り返しがこれ。「君ねえ、鈴木首相が田中派だなんて、一国の首相に対してそんなに失礼なことを言うものじゃない。実は私が鈴木派なのであります」――うまい。

僕が知る限り、政治家の発言としてうまいこと最高傑作は、当時自民党副総裁だった川島正次郎が佐藤栄作政権末期の権力闘争の渦中で発した言葉です。佐藤長期政権の後を継ぐのは誰かが当時の政局の焦点でした。「人事の佐藤」と言われた佐藤栄作首相は、佐藤派の腹心である福田赳夫と新進気鋭の田中角栄を張り合わせることによって両者を牽制し、自分の権力基盤を強化しようとします。佐藤の心中では、総理総裁の座を継ぐべきは、同じ官僚出身で大蔵省のスーパーエリートだった福田です。野心を隠さない田中は、いざとなれば佐藤首相に叛旗《はんき》を翻《ひるがえ》し、派閥を割ってでも総理の座を自分のものにしようと腹を決めます。

川島副総裁は大の官僚嫌い。当然、田中を後押しします。佐藤首相は当時すでに三選を重ねていて、四選に出るかどうかが注目の的でした。川島の田中に対するアドバイスはこういうものでした。佐藤に四選をやらせたほうがいい。長期政権に有権者は飽き飽きしており、四選ともなればいよいよ佐藤の求心力は低下する。福田への禅譲は容易ではなくなる。その時に一挙に戦いに出たほうが得策だ——。

佐藤四選はあるのか、ないのか。佐藤はなかなか意思をはっきりさせません。川島副総裁はしょっちゅう首相官邸に出入りしていました。ぶら下がり取材の記者が川島から何とか情報を取ろうとします。「副総裁、首相は四選に打って出る意思を表明しましたか」。川島はこう答えます。「一国の首相たるもの、自分の進退は心中に秘めて、軽々にイエスかノーかは言わないものだよ。とくにイエスの場合はね」——うまい！

翌日、新聞各紙は一斉に「佐藤四選を決意」を報じます。こうして佐藤四選は既定路線となり、ひいては田中角栄の大逆転劇につながりました。「道中師」「寝業師」「江戸前フーシェ」（ナポレオン側近のジョゼフ・フーシェになぞらえて）と言われた川島正次郎の面目躍如です。彼は佐藤四選が決まった九日後に八〇歳で急逝しています。

安倍元首相が退陣を決める直前に、立憲民主党の参議院議員がツイッターで「『大事な時に体を壊す癖がある危機管理能力のない人物』を総理総裁に担ぎ続けてきた自民党の『選任責任』は厳しく問われるべきです。その責任を問い政治空白を生じさせないためにも早期の国会開会を求めます」と書きました。

これに対して「日刊ゲンダイ」がすかさず放ったツイートがこれ。「『大事な時に体を壊す癖』って、政治家たるもの、こんな下品な言葉を使って総理を揶揄すべきではない。／それをやるのは、日刊ゲンダイの仕事です」——落差のあるオチがきっちり決まり、しかも「日刊ゲンダイ」の存在理由を高らかに謳い上げている。うまい。

コロナあり、戦争あり、なかなかうまいこといかないのが人間の世の中です。とかくギスギスするわけですが、うまいことのひとつでも言って寛やかな気持ちを取り戻したいものです。

第13章　発表

セルフ発表

発表という行為を大好物としています。まずはひとつの実例を示しておきます。

大東亜のフセイン

フセインのイラクが迷惑なことをやってくれている。攻撃を受けた国の人々はもちろん、イラクの人々も「耐乏生活」を強いられて大変だろう。サウジアラビアは苦労が絶えないし、ヨルダンはびっくりしているし、例によってイギリスは怒っているし、アメリカは派兵を進めているし、ソ連は遺憾に思っている。そして日本はといえば、遅い遅いといわれながらも金を出さなければいけないことになった。

日本にとってイラン・イラク戦争は「いつ終わるのか」であり、アフガン紛争は「オリンピックなし」であり、ベトナム戦争は「安保反対」であり、朝鮮戦争は「特需景気で戦後復興」であり、世界大戦は「一億火の玉」であり、そして「クウェート侵攻」は「金を出す」。アメリカ、イギリスは歴史的に見て相当凄いことをしておきながら、今度のようなことがあるとしゃあしゃあと「正義」を言う。

イラクが盛り上がっているのをテレビ・ニュースでみて、四五年前の日本もこんな感じだったんじゃないか、と「大東亜戦争」の世界が妙にリアルに想像できた。その頃の日本は、国際的な位置づけでは今のイラク程度のポジションだったのではないか。「民族解放」を大義名分に、韓国や中国や東南アジアに乗り込んでいく。国民は、というか当時は「臣民」なのだけれど、お国のために「耐乏生活」を強いられる。だけれどもみんなが発情しているため、戦意はどんどん高揚していく。朝鮮を支配し、満州を作り上げ、ますます日本は発情していく。そのうちに人々は勝つまで欲しがらない一億火の玉になってしまい、戦争へいったり、軍事工場で働いたり、銃後は任せてと胸を張ってみたり、ちょうちん行列をしたりする。その挙句に竹やりを作ったり、空襲の中を逃げまどったりしていたのである。

イラクの人々がちょうちん行列をすることはないと思うけれども、その盛り上がり方は、一五年戦争のはじめの頃の日本、ＡＢＣＤで包囲されて外交解決に苦慮しながらいざというときのために緊張している日本の盛り上がり方とかなり似ているのではないだろうか。

そうだとすると、当時の日本を経済制裁で締め上げていたアメリカとかイギリスの人々は、フセインの騒動をよそに結構安穏と暮らしている今のわれわれのようなものだったのかもしれない。そういえば、アメリカの古い映画を見ていると、結構金をかけた面白いやつが戦時中のものだったりする。

今のわれわれが日本でこうしているように、当時のアメリカやイギリスの連中にとっては、戦争なんて海の向こうでやっているものであり、大部分の人は普通通り朝食を食べて新聞を読んで会社にいって、同僚と冗談のひとつもいいながらごく当たり前にやっていたのではないか。家に帰ってきてからは奥さんと二人でニュースを見ながら「日本もがんばっちゃってひどいことするな」「そうよねえ、迷惑しちゃうわ」「ところで、今日の夜御飯なに？」「うーんと、ステーキとマッシュポテトよ」と、会話していたのではないか。

こう考えてみると、盛り上がって燃え上がっているうちに体が火の玉になってしまった五〇年ぐらい前の日本人と、その危機にさらされている現在のイラクの人は、本当に気の毒だ。気の毒ではあるが、しかし、そういうものなのである。軍事行動が「そういうもの」であるからこそ、われわれは生活のレベルで戦争にならないような行動をとらなければならない。

これは三〇年以上前、イラクがクウェートに侵攻した当時、学生だった僕が書いた文章です。誰かに執筆を頼まれたわけではなく、どこかに発表する予定もない。あえて言うと、自分で自分に発表している文章です。僕以外の誰も読んだことがありません。初めて対外的に発表した次第です。パソコンに残っている昔のファイルを調べると、こういうものがやたらとたくさんあります。誰からも注文がこない頃から、僕はこういう「セルフ発表」活動に明け暮れていました。自分でもヘンだと思うのですが、それぐらいスキだということです。

発表が大好きな僕にとって、今の仕事は非常にありがたいものです。まずは考える。ただ考えているだけでは仕事にならないので、それを自分以外の誰かに発表する。大学院での講義はもちろん、本を書いたり、論文を書いたりします。それ以外にも雑誌、新聞、オンラインメディアなどさまざまなところに寄稿する。セミナーや講演、対談で話をする。いずれも

「発表」という行為であるという点では共通しています。

本来の発表はオーディエンスに向けてするものです。オーディエンスがいないと発表は成立しません。それでも自分というオーディエンスがいる――子どもの頃は自分（だけ）に向けたセルフ発表に明け暮れていました。

南アフリカで暮らしていた小学生の頃、僕は何冊も本を出版しています。もちろんセルフ出版です。当時の南アフリカは、物理的に遠いだけではなく、情報という意味でも日本から隔絶していました。最大の楽しみは、日本にいる祖父母が船便で送ってくれる本でした。ところが、量に限りがある。すぐに読み終わってしまいます。他に本がないので、同じ本を繰り返し読むしかない。いずれ飽きます。

仕方がないので、お話の続きを想像して、読んだ本の続編を自分で書くようになりました。これが僕の最初の執筆活動です。自分で書いて自分で読むという読書の自給自足。シンガーソングライターならぬリーダーストーリーライターとして、僕は結構な数の本をセルフ出版していました。

最初は読んだお話の続きを想像して書いた物語でした。次第にノンフィクションへと活動の幅を広げていきます。例えば、家族で旅行に行くと、帰ってきてすぐに旅行記を書いて出版する。当時は原稿用紙というものを知らなかったし、そもそも南アフリカにはそういうものはなかったので、普通の画用紙に書いていました。表紙も自分で作って装丁し、本棚に並べました。

高校生になると、「セルフ授業」というのを思いつきました。学校の授業では、発表者は先生で、生徒の僕はオーディエンスです。オーディエンスの側にいるということが、僕にとっては飽き足りない。そこで自分で授業をやることにしました。歴史がスキだったので、山川出版社の教科書を使って、自宅の自室で日本史の授業をしていました。もちろん僕の他に生徒はいません。自分に向けて一人で大声で授業をする――傍から見ると不気味な行為です。

これがやたらと楽しかった。学校の本物の授業は、同業者（本物の先生のこと）の授業を視察するような気分で眺めていました。自分なりに工夫を重ね、それよりもいい授業をしようと努力しました。結果として、日本史が得意になりました。振り返ってみると、中高生の勉強法としてセルフ授業はわりと秀逸なのではないかと思います。問題は、その光景を目にした家族に「うちの子は大丈夫だろうか」という戦慄が走るということです。

発表が先、オーディエンスは後

このように、僕の場合、常に発表が先、オーディエンスは後となります。何かの需要があってやっている活動ではない。供給側が盛り上がってやむにやまれず発表する。大スキな音楽でもそうでした。楽器を弾けないのに、聴いているだけだとどうも面白くない。リズムがスキだったので、ベースで参加することにしました。レコードに合わせて「ボンボンボンボン」とクチでベースをやる。これが楽しくて、誰もいない部屋でレコードに合わせて毎晩コンサートをやっていました。

クチベーシストとして、イマジネーションの中でいろいろバンドに加入しました。ビートルズ、クイーン、キッス、ベイ・シティ・ローラーズ……たまにはエルヴィスのバックバンドも務めました。ただし客観的に見ると、やっぱり誰もいない薄暗い部屋でレコードに合わせてボンボン言っているだけ——薄気味が悪いものがあります。

そのうちに自分でも楽器を弾くようになりました。当然発表したい。バンドを組んでライブということになります。それが再三この場をお借りして宣伝している僕のバンドBluedogs の活動です。これにしても、発表が先でオーディエンスは後。当然の成り行きとして、結成三十数年を経た今も、Bluedogs は無人ライブのリスクに直面しています。

なぜそんなに発表がスキなのか。その理由は、自分の考えや感情を他者と共有する喜びにあると思います。面白い映画を見てグッときて、自分だけでグッときているのが我慢できなくて、「この映画見た?」「僕はここがグッときたんだけどさ」と、友達や家族に話したくなる。他者に伝えると、自分の喜びも増す。こうした経験は多くの人が思い当たるのではないでしょうか。

音楽や映画にしても自分が考えたことにしても、何かグッときたものを他者と共有することによって、痺れが増幅する。オーディエンスがいなければ、自分を他者に見立てたセルフ発表をせざるを得ない。それでも自分が自分と共有(?)することによって、喜びは倍増します。

高校生の頃、弟としばしば「熟聴会」というのをやっていました。自分がグッときた音楽を、五曲ぐらい選んでそれをカセットテープやレコードでお互いに聴かせる。「ここがグッときたんだよ」と弟に伝えると、ますますその音楽が楽しくなってくる。これも僕にとってはある種の発表で、他者との共有を通じて自分の喜びを増幅させるという活動です。

今でもYouTubeで誰かが歌っているミュージックビデオを見てグッとくると、聴いているだけでは我慢できなくて、自分で歌ってみずにはいられない。今はインターネットの恩恵で、いくらでも楽譜は出てくるので、一人の部屋でギターを弾いてとりあえず自分に向けて発表します。カラオケの音源もすぐに出てくる。僕は週一回のペースでコンサートをやっています。もちろん場所は自室で、オーディエンスは自分だけ。

問題は、大きな声で歌っていると近所迷惑になるということです。ちょっと声を落としてやる。これが結構つらい。軽井沢の家に行ったときには、周りに誰もいないので、好きなだけ声を出してセルフ・コンサートができます。セットリストを組んで、一時間ほどのショーを開催します。もちろん誰も聴いていません。家人は迷惑がるので、一人のときを見はからってやっています。ときどき犬がいることがありますが、彼女からも無視されています。

筋金入りの発表体質

子どもの頃から現在に至るまで、僕にとっての発表は内発的欲求に突き動かされた行為です。ようするに、僕は筋金入りの「発表体質」なのです。オーディエンスのままでいることに我慢ができない。子どもの頃に映画『007』を見たときも、ジェームズ・ボンドになりたくて仕方がない。親に「どうすればスパイになれるの」と聞きました。「そんなこと知らないし、そもそも君はもっともスパイに向いていない性格だよ」と言われて、あきらめました。

それでもまだ完全には諦めきれないところがありまして、いい大人になった今でも断片的にジェームズを実践しています。僕の時代のボンドカーはアストンマーティンDB5でした。僕も今ではアストンマーティンに乗っています。生意気に聞こえるかもしれませんが、ご安心ください。僕のアストンマーティンはトヨタ製です。以前、トヨタのiQという超小型車をバラして、エンジンやシャシーはそのままに、内外装だけをアストンマーティンが手掛けた、シグネットというモデルが売られていました。この珍車プロジェクトは案の定大コケにコケまして、シグネットは累積の販売台数が二〇〇台ほどしかないそうです。

シグネットが出たとき、「これだ！」と思って僕は迷わず購入しました。色もボンドカーと同じにしました（これにこだわったので、納品まで一年近くかかった）。中身はトヨタですが、僕の脳内では完全にボンドカー。家から出かけるときにはカーステレオで、「ダンダカダンダーン、ダンダダン、ダンダカダンダーン」という007のテーマを流す。あの音楽とともに駐車場から出ると、すごく気分がイイ。それでどこへ行くのかというと、近所の成城石井にハンバーグを買いに行くだけ。ちょっとどうかしてると自分でも思うのですが、部分的にでもジェームズ・ボンドを実践したい。オーディエンスにとどまれない性格です。

音楽でも同じです。たまにスキなアーティストのライブに行くと、「ちょっと交ぜてくれませんか」と言いたくなります。もちろんそんな無茶は叶いません。ところが、です。これはあちこちで話している僕の自慢話なのですが、映画『ブルース・ブラザーズ』に出演していたブルース・ブラザーズ・バンド、これが三〇年くらい前に来日して、青山のブルーノートでライブを行ったときのことです。ブルース・ブラザーズが大スキな僕は大喜びで観に行きました。

ギターが二本。一人はスティーブ・クロッパー。オーティス・レディングの"The Dock of the Bay"を作曲して弾いていた伝説的なギタリストです。もう一人がシカゴ・ブルースの重鎮、マット・マーフィー。このツインギターを客席で聴いていた僕はもう我慢ができなくて、ステージ前で踊りまくっていました。するとスティーブ・クロッパーが「おまえ、一曲歌えよ」と声をかけてきて、僕を舞台に上げてくれました。で、ブルース・ブラザーズ・バンドの演奏で"Knock on Wood"を歌わせてもらいました。右を見ればクロッパー、左を見るとマーフィー、センターにボーカルの楠木建、というあり得ないことが起きた。この発表は天にも昇るような気持ちでした。

オーディエンスがいる幸福

繰り返しますが、発表体質の僕にとって現在の仕事はありがたいとしか言いようがありません。この仕事をはじめてから一〇年ぐらいは、アカデミックなオーディエンスに向けた研究論文を書いて学会で発表するということをしていました。学会や研究会で発表となると、

「発表かあ……」と尻込みする人がいます。これが僕にはまったく理解できませんでした。これまでセルフ発表をしていたのに、オーディエンスがいる。渡りに船です。発表できる機会があれば、即座に応募していました。

学会で発表をしたとき、共感や賛同をいただけるともちろん嬉しい。批判されても、それはそれでイイ。自分は自分なりにグッときているから論文に書いて発表しているのですが、そこにグッとこない人、むしろ否定的な意見を持つ人もいる。オーディエンスと僕の間にあるギャップを考えるのが面白い。

そのうち一般的なメディアでも自分の考えを発信するようになりました。こうなるとパブリック・オーディエンスが相手になりますから、間断なく批判が押し寄せてきます。批判の論点や理由はさまざまです。単に生理的に僕の考えが頭にくると言う方もいます。その気持ちは僕なりによくわかる。だからといって考えを修正するかといえば、七割方はそのままで、自分の考えは変わりません。批判を受けると、自分が何を面白がっているのかを再確認できます。発表を通じて、むしろ自分の面白がりが強化されます。

セルフ発表のキャリアの長い僕にしてみれば、同意にせよ批判にせよ、自分の考えを聞いてくれるオーディエンスがいるだけで、夢のような話です。この十数年は副業として書評の仕事もしています。書評の注文がある前から誰も読まない読書感想文を大量に書いてセルフ発表していた僕にとっては、オーディエンスがちゃんと存在する書評を書く場がある、それがありがたい。

　個人でやっている「楠木建の頭の中」というオンラインコミュニティでその時々の考えごとや読書感想を発表しています。平日は毎日更新してもう三年になります。これまでに何十万字と書いています。「よく毎日続けているな」としばしば言われるのですが、まったく苦になりません。これをやっていなくても、セルフ発表をしていたわけですから、僕にとっては同じことです。

　自分の考えを発表して、人に読んだり聞いたりしてもらう。それが仕事になれば最高だ、と子どもの頃からぼんやりと考えていました。自分の考えを言語化した文章や本を自分以外の誰かに読んでもらえる。しかも対価を払ってもらえる。さらにはそれを何らかの形で用立ててもらえる。僕の考えを自発的に読んでくれる人が一人でも実在すれば、それはもうスゴいことです。「キミの将来の夢は何だ?」と言われても答えようがありません。僕の夢はとっくの昔に実現されているからです。

　三〇年ほど前に「製品トラジェクトリーの連続性」という最初の論文を出したとき、僕以外にこの論文を真剣に読んだ人はおそらく一人もいませんでした。一〇年ほど仕事を続け、“The Modularity Trap”という論文を出した頃には、ジッサイに僕の考えを読み、僕の考えについて考えてくださる人が世の中にちらほら出てきました。ここで僕の夢は完全に実現されています。さらに一〇年ほど後には僕の本が思いのほか多くの読者を得ました。こうなると奇跡としか言いようがありません。

僕なりに仕事の目標はあります。それはまだ達成されていません。達成にはあと一〇年はかかる気がします。それでも夢はとっくに実現している。今お読みいただいているこの本にしても、僕にとっては夢が安定的に結晶化したようなものです。

伝えたいことだけを伝える

とにかく発表がスキでこれまでやってきたわけですが、世の中には発表に気後れする、得意でないという人もいます。そういう人に向けて、プレゼンテーションのスキルや文章術を指南する本が次々と出版されています。

どうやってプレゼンテーションをすれば効果的か。どういう文章を書けばうまく伝わるのか。僕に言わせれば、発表を方法の問題としてとらえ過ぎています。発表においてＷｈａｔはＨｏｗより何倍も大切です。プレゼンテーションでも文章を書くにしても、重要なことは話したり書いたりする内容が自分にとって面白いかどうか、自分がグッとくるかどうかです。

僕の仕事で言うと、伝えようとするものは「論理」です。発表を通じて相手の方と自分の考えた論理を共有できると、自分のグッとくる程度もさらに増大します。この喜びは多くの人に共通する本能なのではないでしょうか。だとしたら、どう発表するかではなく、何を発表するかが先決です。Ｈｏｗに走るとＷｈａｔが死んでしまう。自分が面白いと思えることと、自分にグッとくることでないと、他者と共有しても意味がありません。

僕は文章を書くときでも、そこにオーディエンスがいて、その人たちに話しかけるように書くことを心がけています。学術的な論文を書いている頃の僕の文章は、今読むと別の人が書いているんじゃないかというぐらい硬い。例えば、「組織特殊的」とか「文脈依存性」という言葉は普段はあまり使いません。でも学術的な論文だと、organization-specific という術語は組織特殊的、context-dependency は文脈依存性となります。この手の学術的な言葉は、それが意味しているものが明確です。僕はできるだけそうした言葉を使って硬質な文章を書いていました。凝れば凝るほど硬い文章になりました。

そうこうしているうちに、前にもお話ししたことですが、同業の先輩が「話し言葉のほうが、ずっとわかりやすくていいよ」というアドバイスをくださいました。この言葉をきっかけに、いっそのこと話すように書いてみようと思い立ちました。この方針に転換して最初に書いたのが『ストーリーとしての競争戦略』（東洋経済新報社）という本です。

僕は聴いたことがないのですが、SING LIKE TALKING という音楽ユニットがあるそうです。この本を書くときには、WRITE LIKE TALKINGでいこうと決めていました。まず、自分の机の前に僕が知っている経営者の写真を貼りました。その人たちに僕の考えを語りかけるつもりで書きました。文体も最初から最後まで「です・ます」の話し言葉になっています。自分の言いたいことがうまく言語化できないときは、写真の経営者に向かって「僕はこういうふうに思うんですけどね」と、声に出して語りかけてみるということをやっていました。一人の部屋で書いているので、これもまた傍から見ると不気味な光景なんですが、そういうことをしながら書いていきました。

自分にとってグッとくるＷｈａｔさえあれば、Ｈｏｗは自然についてくる。文章にしても、自分が面白いと思っていることだと自然にリズムも出てきますし、人にどうしても伝えたいと思っていれば、プレゼンテーションも自然にわかりやすく構成されるものです。

話すように書くというスタイルの利点は、「自分が面白くて人に伝えたいことだけを書く」という、文章にとってもっとも大切なことに意識を集中できることにあります。どうしても伝えたいことが自分の中にあるかどうか。それこそがプレゼンテーション力や文章力の正体だと僕は考えています。

第14章　初老の老後

還暦大作戦

僕は無趣味な人間でありまして、仕事がない日は読書をしたり映画を観たり、基本的に室内で過ごしています。コロナ騒動以来、室内生活に拍車がかかっています。

考えてみると、僕のような非活動的な室内生活派の人間にとって、テクノロジーの進歩は老後生活の絶好の友です。動画配信サービスを利用すれば、自宅でスキなときにスキな映画が観られる。本も欲しいものを選んで買えば家まで届けてくれる。夢のような時代です。これ以上望むことはあまりないのですが、あと数年で迎える還暦を機会に、趣味として何かやってみたいことを自問してみました。ひとつだけ思いついたのが、クルマです。

営業車は前章で紹介したシグネットを使っていますが、自家用車はトヨタのヤリスです。これがものすごくイイ。ヤリスは近代日本自動車工業の結晶と言ってよいと思います。今のクルマは本当に大きくなりました。ヤリスは現代の基準ではコンパクトカーですが、前世紀のメルセデスのミディアムクラスぐらいの大きさはあります。それにしても、船のようにデカいＳＵＶに乗りながら、エコだのＥＶだの言っている。人間はつくづく矛盾した生き物です。その点、軽自動車より全長の短いシグネットは最高で、もう一〇万キロ近く乗っています。還暦を機会にシグネットを買い替える。老後の相棒となる還暦記念車をあれこれと想像しては楽しんでいます。

あらゆる制約を取っ払った理想だけを考えると、いちばん乗りたいのはコブラです。一九六〇年代のスポーツカーで、僕の中ではこれ以上カッコいいクルマはないというくらいカッコいい。古いクルマなので、買うとしたらレプリカしかありません。それでも値段は軽く一五〇〇万円オーバー。しかも屋根がついていない。雨の日には乗れない。エンジンは七リットル。燃費はリッター二キロぐらいではないでしょうか。脱炭素の時代に、乗っているだけで逮捕されそうです。実用性ゼロ。というよりマイナス。憧れるだけの存在です。

次がアストンマーティンＤＢ５。映画『００７／ゴールドフィンガー』に出てくるやつです。００７が大好きな僕は、子どもの頃はＤＢ５の椅子が跳ね上がる秘密装備が付いたミニカーで遊んでいました。ネットで探しても、ＤＢ５の中古車は見つかりません。ＤＢ６が一台出ていましたが、価格が四三〇〇万円。ＤＢ５の走行可能なやつは一億円ではきかないでしょう。論外です。

もうひとつがポルシェです。歴代のポルシェの中でもずば抜けてカッコいいと思っているのが356。古いポルシェなので、当然のことながらオリジナルは数千万円。スバル製の水平対向エンジンを使ったレプリカが出ているのですが、やはり一〇〇〇万円近い値段です。維持費もそれなりにかかるらしい。ということで、理想の還暦記念車は、現実からはほど遠いものばかりです。

ところが、です。昨年末に、驚くべきニュースが飛び込んできました。愛知県のある会社が、本物のポルシェ356の型から起こした660スピードスターというクルマをつくったそうです。ダイハツのオープンカーをベース車両にしたもので、中身は安心の日本製軽自動車、外観はポルシェ356――シグネット以来、僕の希望にピッタリのクルマが久々に登場しました。いずれは実車を見て検討したいと思っています。

還暦記念車を手に入れたとして、何をやるか。休みの日にスキな街に出かけて、ぶらぶらしたい。ついでに、グッとくる情景の写真を撮りたいと思っています。旅行ではありません。日帰りで、ふと気が向いた場所に行ってみる。散歩みたいなドライブです。

好きなクルマをゆっくりと運転しながら、若い頃によく行っていた横浜の元町や本牧、もう少し足を延ばして湘南や鎌倉や箱根、東京なら浅草や築地にふらっと出かけてみる――還暦大作戦に思いを巡らしていると、すごく楽しい。想像するだけでわりとお腹いっぱいになりました。もう実行しなくてもイイぐらいです。還暦を迎えても、僕はやっぱり本を読んで映画を観る室内生活に明け暮れているのかもしれません。

Gシフト

好きな本を読み、感想を文章にして発表し、それを読んでくれる人がいる。しかもおカネも（わずかばかり）いただける。「発表」のところでもお話ししましたが、書評は僕にとって夢のような仕事です。

新聞や雑誌から単発で書評の注文をいただくこともありますが、ホームグラウンドは連載です。これを書いている時点では、「日経ビジネス」と「週刊現代」で書評を連載していま す。連載を担当していると、毎号雑誌が自宅に送られてきます。「週刊現代」を読んでいて面白いことに気づきました。

「週刊現代」の生命線はその厳密な顧客ターゲットの設定にあります。最初から最後まで、七〇歳以上の高齢男性（だけ）をターゲットにして誌面を構成している。記事に異様に偏りがある。完全に高齢者シフトを敷いています。往時の「王（貞治）シフト」どころではない。センターから左側にはもう誰もいない状態になっています。この構えを、私的専門用語では「現代」の頭文字とジイサンを合わせて「Gシフト」と呼んでいます。

Gシフトは合理的な戦略です。今の時代、紙の雑誌は、ネットメディアに追いまくられて守勢一方。当然売り上げはキビシイ。だとすればコスト削減が焦点になります。雑誌でいちばんコストがかかるのは、なんといっても取材記事です。「文春砲」のように時間と手間暇をかけて政治家や芸能人のスキャンダルを追いかけるのは効率が悪い。だから「週刊現代」はスクープには手を出さない。さまざまなコンテンツの編集の妙でG読者を惹きつけようとします。

戦略の一つの本質は捨象にあります。Gだけを喜ばせる。そのためには、他の人からどう思われようが構わない。「死はある日突然にやってくる」とか「人生、最後まで手放してはいけないもの」とか、高齢男性の興味関心（だけ）にフォーカスした記事（だけ）が並んでいます。女性はもちろん、若い男性が読んでも、面白くもなんともない。おそらくどん引きでしょう。この割り切りが潔い。戦略として実にすがすがしい。

「昔はよかった」という思い出話は鉄板のネタです。昔の流行歌を回想する記事のタイトルが「いつかこんな日が自分にも来ると思っていた頃」。新型コロナの流行で「不要不急の外出の自粛」がしきりに言われていた頃の号に秀逸なタイトルの記事がありました。「不要不急、それは俺の人生そのものだった」――自然と哀愁が漂ってくるのが「週刊現代」の味わい深いところです。

「小池百合子　ニセモノの人生」という記事があります。Gは小池百合子氏が嫌いなんですね（好きか嫌いかと聞かれたら、僕も大嫌いです）。次の号で、「よく考えたら、ウチの嫁そっくりだった」と続く。どんな話題でもブルースに編曲してしまうのが「週刊現代」の妙味です。

僕も初老のG予備軍でありますから、毎号いくつか惹かれる記事があります。例えば「なぜ男たちは崎陽軒のシウマイが死ぬほど好きなのか」。どうでもいいと言えばこれ以上どうでもいい話もないわけですが、こういうテーマになると「週刊現代」は底力を発揮して、鋭い分析と考察を繰り出します。僕も例に漏れず崎陽軒のシウマイ弁当が大スキです。「アンズの処遇」とか「どういう順番で食べるのか」とか、微に入り細を穿つ考察を楽しみました。

余談ですが、この記事がきっかけで崎陽軒という企業についてもっと知りたくなりました。調べてみると、創業者が『シウマイ人生』というストレートなタイトルの回想録を出していることを知りました。出版が一九六四年（僕が生まれた年）で入手困難だったのですが、シウマイ好きの僕としては、どうしても読みたくて六五〇〇円（送料込み）を払って手に入れました。予想に違わず、創業者の野並茂吉は大変に面白い人物です。いろいろな商売をした挙句にシウマイ（シュウマイに非ず）にたどり着いた。ひょんなことから始まったシウマイ弁当が、ロングセラーとして成功した最大の理由は、「崎陽軒はナショナルブランドにはならない」という意思決定です。徹底して横浜のローカルブランドを目指す。シウマイの背後に戦略あり。

Gショック

話を戻します。「週刊現代」は毎週毎号ずーっと同じ話をしています。ひたすら同じ話を繰り返す。これには驚愕しました。私的専門用語でいう「Gショック」です。

一つ目が思い出話です。毎号必ず「昭和40年代の曲限定 あなたなら何を歌う」「中島みゆきと荒井由実がいた1975年、日本の青春は新しくなった」「夏目雅子 思い出の地を旅する」「チューリップからキャロルへ」（注：いずれも当時の人気バンド。チューリップの「魔法の黄色い靴」は今聴いても名曲。矢沢永吉の率いるキャロルの「ルイジアンナ」が超絶名曲であることは言うまでもない）といった懐古記事が並びます。

考えてみると、現在のGの方たちもかつてはY（ヤング）でした。GがY真っ盛りだった一九七〇年代には、すでにロックのカルチャーがありました。現在のGも、グンゼYG（当時はまだなかったかな？）のTシャツにベルボトムのジーンズ、足元はロンドンブーツ、長髪に花柄のサイケなハットを乗せて、チューリップやキャロルのコンサートに行っていたはずです。ところが、今スーパーで買い物をしている七〇代のG世代の老夫婦を観察すると、ユルユルのカーディガンに地味な色のコットンパンツとウォーキングシューズといった典型的なGスタイルになっています。

これはどういうことでしょうか。もちろん年齢を重ねることで時代とズレていくということはある。僕にしても、つばが真っ直ぐ平たくなっている野球帽だけは抵抗があります。キャップのつばはぜひともカーブした曲面であってほしい世代です。時代とのズレが生じることは避けられない。ただし、です。それ以上に、Gは自らGスタイルへと能動的にシフトしている。自分を例に考えてみても、若い頃は都はるみの歌の良さがまったくわかりませんでした。ところが今、都はるみの「涙の連絡船」を聴くと確実に泣けます。「アンコ椿は恋の花」なら号泣できます。人間は年を取ると自然にG趣味になるようにできている。人間の遺伝子にG因子が埋め込まれているとしか思えません。この発見もまたGショックでした。

二つ目が、お色気記事です。「週刊現代」には毎回グラビアがついています。目玉は「袋とじ」で、僕と同世代の女優やかつてのアイドルが体を張って頑張っています。五〇を過ぎてもわりと奇麗な人が多い。ご関心がある方は、ペーパーナイフを用意したうえで、「週刊現代」に当たってください。

よくわからないのが、グラビアよりも記事です。「エッチなおばさんは嫌いですか？」——ま、嫌いではありませんが、それほど好きじゃないというのが正直なところです。というか、日常生活で「ああ、この人はエッチなおばさんだな」という人に遭遇することがありません。「スマホでヌードを撮る簡単テクニック」という特集記事があるのですが、いったい読者のGは誰のヌードを撮ろうというのでしょうか（奥さまだとしたら、それはそれでエライ）。せっかくの「簡単テクニック」を実践する局面を思いつきません。「週刊現代」は実に不思議な人格の読者を想定しています。

失笑を禁じえない記事も多いのですが、「ああ、年を取るのも悪くないな」としみじみと思わせられる記事に出会うこともしばしばです。「ままならないのが人生」という特集記事では、「人生には仕方ないことがある」「他人と比べてはいけない」「後から振り返れば、たいていのことは大したことじゃない」といった見出しが躍っています。この辺、絶対悲観主義と合致します。やはりGになると人と人の世の本質が見えてくる。G同士、自然と見解が一致します。ビバ！　エイジング。

ことほど左様にGショックの連続攻撃なのですが、ライバル誌の「週刊ポスト」もずっと似たり寄ったりの誌面構成でやっているらしい。「週刊現代」で書評連載を始めて三年目に入りました。最初は二年の約束だったのですが、一年延長してくださいました。いずれ打ち切られるかもしれません。そのときは「週刊ポスト」で書評をやりたいと思います。

Gスポット

しばらく前に『逆・タイムマシン経営論』という本を出しました。「そう簡単に変わらないことこそ本質だ」というのが、この本の主題です。近過去を振り返るだけでも、歴史は変化の連続です。変化を追いかけることによって初めて、そこに一貫して変わらないものがあることに気づく。本質を見抜く力なり大局観を会得しようとするならば、タイムマシンに乗って過去に遡るに若くはなし。「新聞雑誌は寝かせて読め」というのが『逆・タイムマシン経営論』のメッセージです。

「週刊現代」は「健康」「思い出話」「お色気」という三本柱のローテーションを決して崩さない。この事実は、この三つ——私的専門用語で言う「Gスポット」——こそがGの本性であり本質だということを示唆しています。

Gスポットの中でも、中核を占めるのは「健康」です。Gに限らず、誰にとっても健康は大切な自分事です。どんなメディアにとっても重要なトピックなのですが、「週刊現代」の健康関連の記事にはGm7（Gマイナーセブンス）のブルージーな味わいが横溢《おういつ》しています。なぜかというと、健康よりもその延長線上にある死のほうにGの一大関心事があるからです。

人間誰しも健康でいたい。しかし、死を避けることは誰にもできない。健康とその延長線上にある死とのせめぎ合い。ここが若者向けメディアの「ヘルシー」や「ウェルネス」と、Gをターゲットにした「週刊現代」が違うところです。毎回のように健康の話をしているのですが、関心がどんどん死のほうに傾斜していく。これを私的専門用語で「横Gがかかる」と言っています。例えば、「クモ膜下出血から生還して考えたこと」という記事。クモ膜下出血の予防という話よりも、死を垣間見た人がその時に思ったことに関心がある。健康よりも死のほうに横Gがかかりまくっています。

なぜGはそんなに死に関心があるのか。もちろん怖いからです。なぜ怖いのか。誰も死を経験したことがないからです。七十数年生きて、それなりに山谷も乗り越え、もう酸いも甘いもかみ分けているGですが、死だけは経験したことがない。興味と関心がつのるゆえんです。

死というシリアスなテーマにも、「週刊現代」は独特のアプローチで切り込みます。これがまたイイ。例えば「死ぬのが怖いあなたへの10章」。Gの関心をわしづかみにするタイトルです。中身を見ると「脳梗塞は痛くない」「発症して10秒であの世へ」といった記事が並んでいます。「脳で死ぬ、心臓で死ぬ、その違いは何か」――この際、どっちでもイイんじゃないかと思うのですが、Gはやはりこの辺が気になる。「骨になるとき、どんな感じか」――いよいよついていけません。

「実務としての死」もまたGにとって重要なテーマです。例えば「ネットではわからない本家本元の総力大特集 あなたも、老親も、これで安心 1週間で済ませる人生最後の『手続き』」――ネットメディアに対する差別化の意図がうかがえます。「一人になった時、やってはいけないこと」という特集記事で挙げられているのが、「子どもに財産を渡す」「再婚」「家の売却」「引っ越し」「子どもと同居」「老人ホームに入る」――いったいどうすればいいのかが逆にわからなくなります。「遺言書、こう書くから揉めるんです」「家族に見られたくないものはこの順番に捨てればいい」――例によって、どんどんブルースになってきます。

「週刊現代」の記事に横Gがかかるのは、ある意味で皮肉な成り行きです。「長生きしたい」というのは人間の本性です。それが技術や医療の進歩を駆動するエンジンとなり、GがYだった頃と比べれば、幸いにして寿命は延び、多くの問題が解決されました。しかし、そうなったらそうなったで、また新たな問題が出てくる。あっさり言えば、「なかなか死ねない時代」になったということです。それはそれで、さまざまな不安が出てくる。「週刊現代」に横溢する横Gは、人間が抱えている本質的な矛盾を抉り出していると言っても過言ではありません。

Gの先輩

若い頃は思いもよらないことでしたが、初老になってみると、僕は親世代よりは下だけれども自分よりひと回りほど年上の、七〇代のG世代の思考と行動に興味があります。最近では、意識的にG世代から学ぼうとしています。

前にもお話ししましたが、以前から僕がひとつの理想として注目している先輩Gがテリー伊藤さんです。テリーさんはむちゃくちゃなことをやっているように見えて、やることなすことに原理原則がはっきりしている。僕が言うのも僭越ですが、長年かけて錬成した独自の価値基準に忠実に生きている教養人とお見受けします。

テリーさんが七〇歳の時点でお書きになった本に『老後論』(竹書房)があります。副題が冴えていて、「この期に及んでまだ幸せになりたいか?」——思わず手に取りました。共感するところが多々あります。例えば、老人になって残るのは「感性」だ、という指摘。健康や体力など、いろいろなものが衰え消えていく中で、感性だけは年を重ねることでますます研ぎ澄まされる。確かにそうだと、初期Gの僕も感じています。

白洲次郎や池部良などのロマンスグレーのG像に憧れる人たちがいるが、そんな素敵な老人になんてなれっこない、という指摘も深く首肯しました。そもそも僕にはグレーになる頭髪すらありません。

テレビの通販番組には往年の人気スターが出ていて、使いまわしの安っぽいセットの前で商品を売り込むトークをしています。テリーさんはそれこそがカッコいいと言います。例えば井上順さん。往年のアイドルが何のためらいもなく通販番組に出て、軽やかに自分の役割をこなしている。これがたまらなくカッコいい。そんなGこそ人生の勝利者だと、テリーさんは指摘しています。

露店で売られている今川焼きを一つだけ買っている老人がいる。「この店員は俺のこと孤独で惨めなジイさんだと感じているんだろうな」と思うのと、「よーし、今川焼き食って元気出すか！」とでは大きな違いがある。他人にどう思われているのかを気にする思考回路は破壊したほうがイイ——世の中のほとんどのことはようするに気のせいです。

年を取って時間ができると、趣味やボランティアに生きがいを見つけようという話になりがちです。誰もがそういう方面に生きがいを見つけられるわけではありません。テリーさんは、何もしない人生も大いにアリだと言っています。何もしないで生きていける人ほど、精神力が強い。他の人にはわからない深い喜びや達成感に満ち溢れている。これもまた教養の問題です。G初心者としてはこの境地を目指したいものです。

現役のときもほどほどに幸せだったくせに、リタイアしてからもっと幸せになろうというのは、潔くなくてカッコ悪い、とテリーさんは言います。前にもお話ししたように、人間の真価は潔さに表れるというのが僕の年来の考えです。初老の老後にとって潔さはますます重要な意味を持つと思います。

潔さとは、何かを思い切って捨てることです。何も「身辺整理のため断捨離しましょう」という話ではありません。「自分の土俵に集中する」ということです。Gになるほどに、自分についての理解が深まる。自分にとって意味のある仕事の土俵がはっきりしてくる。そこにGの絶対的な強みがある。自分の土俵の外にあることはどんどん捨てていく。これからは、仕事の種類を減らしながら、土俵の中のことだけに集中してやっていきたいと考えています。

若い頃は、「迷ったらやる」というのがイイと思っていました。実際にそうしてきたつもりです。しかし今はもう「迷ったらやらない」ことにしています。自分の強みも弱みも、好きも嫌いも、得手不得手もイヤというほどわかるようになりました。迷う時点で、自分の土俵から外れています。

フェードアウト

『老後論』の中でテリー伊藤さんは、「終活」なんてシケたことをするな、家族への感謝の手紙なんて書きたくない、きれいにフェードアウトするよりカットアウトの人生でいい、とおっしゃっています。人間としての死については僕もまったく同感です。ただし、仕事については フェードアウトで終わりたいと思うようになりました。

キャリアについては「事前の計画」はできないというのが僕の持論です。あまりにもいろいろな要素が時間軸と空間軸の上で絡み合ってキャリアは形成されていく。三〇代までにこれをやって、四〇代にはこれを達成して、というキャリアプランは意味がない。バカバカしいとすら思います。「夢に日付を」とか言う人の気が知れない。そんな無茶なことを自分に課してどうするのか。思い通りにいくはずもない仕事生活、かえってストレスがたまるだけです。

自分を含めていろいろな人を見てきて思いますに、「出会い頭」や「ひょんな縁」「成り行き」の積み重ねでこうなっているわけで、なるようにしかならない。結局は自分の身の丈というか、自分の実力の範囲でしか仕事はできません。それでも、なるようにはなる。禅問答めいていますが、僕の結論は「なるようにしかならないが、なるようにはなる」です。

僕が大切にしているのは、具体的なキャリアプランやキャリア戦略ではなく、その時点でどの方向に行きたいのかという感覚です。自分なりの価値基準で、こういう仕事をしていきたい、こういう仕事はしたくない、これさえ決めておけば十分だと思います。

もうひとつは、今の自分が大まかに言ってどのフェーズにいるのかという自己認識です。最近はマニュアルトランスミッションのクルマが少ないのでわかりにくいかもしれませんが、昔のクルマはロー、セカンド、サード、トップの四段変速でした。今はどのギアに入っているのか。どのタイミングでギアチェンジするのか。このイメージで自分のキャリアを大まかにとらえておくのがイイと思っています。

マニュアル車を運転したことのある方はわかると思いますが、一速に入れて走り出すのがいちばん難しい。最初はクラッチがうまく合わなくてすぐにエンストする。僕の場合は、たいした志も目的意識もなく今の仕事を始めたという「坂道発進」だったので、なおさらでした。エンジンをかけ直して、そろそろとクラッチを合わせて、ゆっくり動き出す。ただ何せローギアなので、アクセルを踏み込んでもエンジンがワンワン鳴るだけで、なかなか前に進みません。

一速に入れれば、セカンドに入れるのはずっと簡単です。三〇代前半の僕は、今は二速でやっているなあという感覚を持って仕事をしていました。それなりに前に進むのですが、たいしてスピードは出ない。

最大のポイントは、二速から三速へのギアチェンジです。僕の場合は、それまでのアカデミックな世界に向けた論文生産から、経営者や実務家に自分の考えを直販する仕事へのスイッチでした。これが四〇歳のときですから、ずいぶん遅い。

セカンドギアである程度は速度が出ているので、サードに入れること自体はたいして難しくありません。ところが、タイミングがやたらに難しい。「機が熟したとき」としか言いようがありません。周りを見ると、早いタイミングで三速に入れた人はずっと速く走っている。自分もそろそろかな、と思うのですが、どうもしっくりこない。ずるずると二速を引きずっていました。あるときに、機が熟したという感じがしました。タコメーターは上がりっぱなし、エンジンも唸っていて、ギアボックスがもうこの辺でシフトチェンジしろよ、と言っている。決断というわけでもなく、自然とギアに手が伸びました。当時は何も計画していたわけではないのですが、今から考えると、ギアチェンジを急がなくてよかったと思っています。サードギアに入ってからの加速が楽でした。

その後、一〇年以上三速で引っ張ってきましたが、ようやく再び機が熟したという感覚が降りてきまして、わりと最近になってトップギアにシフトしました。これにしても漠然と想像していたよりは遅かったのですが、四速へのシフトチェンジはこれまでにないぐらい自然でした。三速のときと違って、「ここだ」という意識もないまま気がつくと四速に入っていました。この先、もしかしたらオーバートップ（五速）があるのかもしれませんが、今はまだわかりません。

以前は引退するときを決めて、それ以降はもう仕事をしないというカットアウトを想像していました。しかし、僕の仕事では、引退のタイミングは自分で決めるまでもなく、お客さまが決めてくださいます。物理的な死の前に、才能や能力の枯渇が訪れるのが普通です。世の中から相手にされなくなるときが、いつか必ずやってくる。これから先の仕事生活、絶対悲観主義の構えがますます大切になってくると実感しています。

そうなっても、絶対にあがくことだけはすまいと心に決めています。これまでとは別のことをもう一度やろうとか、新しい何かに挑戦するのも真っ平です。頼りない才能と芸風だけを頼りにこれまでやってきました。自分の芸と心中するしかないと割り切っています。それまでは、絶対悲観主義を堅持しつつ、自分の道を行けるところまで行くつもりです。

高峰秀子さんはおっしゃっています。「引退です、なんていうのはおこがましい。そのうち誰からも必要とされなくなるんだから、そうしたら煙のように消えてなくなればいいじゃない」――今の僕が考える理想の仕事の終わり方です。

JASRAC 出 2203906-208
NexTone　PB000052713

本書のベースになった原稿は、日立Ｗｅｂマガジン「Executive Foresight Online」上での連載、〝楠木建の「ＥＦＯビジネスレビュー」〟（二〇一八年八月二〇日～二〇二二年四月二五日）として掲載されたものです。

本書は右記連載に加筆のうえ再構成しました。

楠木 建

1964年東京生まれ。一橋大学大学院商学研究科修士課程修了。一橋大学イノベーション研究センター助教授、ボッコーニ大学経営大学院（イタリア・ミラノ）客員教授、一橋大学大学院国際企業戦略研究科准教授などを経て、2010年より一橋ビジネススクール教授。著書に『ストーリーとしての競争戦略 優れた戦略の条件』『「好き嫌い」と経営』（以上、東洋経済新報社）、『戦略読書日記』（プレジデント社）、『室内生活 スローで過剰な読書論』（晶文社）、『逆・タイムマシン経営論』（共著、日経BP社）などがある。

講談社＋α新書 854-1 C

絶対悲観主義《ぜったいひかんしゅぎ》

楠木《くすのき》 建《けん》

2022年6月20日第1刷発行
2024年2月15日第9刷発行

発行者——森田浩章
発行所——株式会社 講談社
東京都文京区音羽2-12-21 〒112-8001
電話 編集(03)5395-3522
販売(03)5395-4415
業務(03)5395-3615

デザイン——鈴木成一デザイン室
カバー印刷——共同印刷株式会社
印刷——株式会社ＫＰＳプロダクツ
製本——株式会社国宝社

KODANSHA

定価はカバーに表示してあります。

落丁本・乱丁本は購入書店名を明記のうえ、小社業務あてにお送りください。

送料は小社負担にてお取り替えします。

なお、この本の内容についてのお問い合わせは第一事業本部企画部「＋α新書」あてにお願いいたします。


ISBN978-4-06-528932-7